国家出版基金项目

二零一五年中宣部主题出版重点出版物

《核心价值观的故事》丛书

杨谷 ◎ 主编

核心价值观百场讲坛

（第一辑）

光明日报出版社

《核心价值观百场讲坛》丛书编委会

丛书编委会

主　　任：何东平

副 主 任：李春林、刘　伟、沈卫星、陆先高、张碧涌

丛书主编：袁　祥、周立文

《核心价值观百场讲坛·第一辑》编委会

主　　编：杨　谷

副 主 编：陈建栋

编　　辑：章丽鋆、蒋正翔、李　贝、康慧珍、陈　城
　　　　　王　营、张　娟、邹思婧

把核心价值观宣传放在核心位置
——《核心价值观的故事》丛书序言

光明日报总编辑　何东平

　　《核心价值观的故事》丛书收录的是党的十八大以来光明日报有关家风家教、校训校风、乡贤文化、地名文化以及核心价值观百场讲坛的报道和文章，展示的是光明日报坚持不懈、不断创新的核心价值观宣传成果，更重要的是体现了光明日报这几年来一直秉持和坚守的"把核心价值观宣传放在核心位置"的办报理念。

　　为国家立心，为民族铸魂。十八大以来，党中央大力推进、持续深化社会主义核心价值观培育和弘扬，"在人的心灵里搞建设"，彰显出日益强劲的中国精神、中国价值、中国力量，托举起跨越百年的光辉梦想——中华民族伟大复兴中国梦。

　　"把核心价值观宣传放在核心位置"的办报理念正是建立在以习近平同志为总书记的党中央建设社会主义核心价值观新理念新实践基础之上的，是来源于对中国人民价值观自信自觉自立、坚信坚持坚守的感染、感动和感奋之中的。

　　作为一份主要面向知识分子的中央主要媒体，思想文化宣传是光明日报的神圣职责。我认为：思想文化宣传的特点，是以价值观作为总开关，要有成功的思想文化宣传，先得有成功的核心价值观宣传。

　　基于这一认识，十八大以来，我们紧跟党中央推进和深化社会主义核心价值观建设的新理念新实践,将创新社会主义核心价值观宣传作为创新思想文化宣传工作的重点,始终把核心价值观宣传放在核心位置,坚持广覆盖、融媒体、全栏目推进核心价值观宣传,坚持深入挖掘优秀传统文化,以文化传播和滋养核心价值观,坚持深入发掘好故事、生动讲述好故事,以先进典型弘扬和引领核心价值观,使核心价值观宣传好看、耐看,使核心价值观更好地走进人们的心灵。

一、广覆盖融媒体全栏目推进核心价值观宣传

社会主义核心价值观建设是面向全社会、全体公民的,必须落实到各个领域各个方面,与此相对应,创新社会主义核心价值观宣传报道,就要做到全方位推进、全领域覆盖。十八大以来,光明日报坚持不懈地在广覆盖、融媒体、全栏目上下功夫,开展了多个重大主题活动,推出了多个重点栏目,刊发了一系列重要报道和文章,从不同角度、不同层面弘扬社会主义核心价值观,实现了高密度、广覆盖、强效果的传播。

(一)广覆盖宣传核心价值观

2014年以来,光明日报开展了"家风家教大家谈"征文活动、"礼敬中华优秀传统文化"活动,推出了《校训的故事》《新乡贤·新乡村》《企业精神寻访录》《品牌背后的故事》《三严三实·我们这样做》《培育和践行社会主义核心价值观·干部担当》等专栏,实现了培育和践行社会主义核心价值观在家庭、学校、农村、企业、机关等领域宣传报道的全覆盖。

光明日报还综合运用新闻报道、理论评论、诗歌散文等多种形式宣传核心价值观,实现了核心价值观宣传体裁样式的广覆盖。光明日报在一版头条位置推出的《让道德成为市场经济的正能量》《君子文化与社

会主义核心价值观》等"光明专论",紧扣核心价值观的重大思想理论问题进行论述,在众声喧哗的舆论环境中发出主流声音,在思想观点的交锋中倡导主流价值,强化人们对培育和践行社会主义核心价值观的认知认同,产生了很大的社会影响。

(二)融媒体报道核心价值观

光明日报积极调动各种新闻元素,充分运用多媒体手段,务求在核心价值观宣传入脑入心上取得实效。

在中宣部的指导下,光明日报与中国人民大学、中国伦理学会合作开展了"核心价值观百场讲坛"活动,2016年起,中宣部宣教局和光明日报联合开展这项活动,通过整合报纸、网站、微信、微博和客户端,以一流专家和践行核心价值观典范演讲、报社内不同终端融合、与兄弟媒体合作宣传的方式,立体传播社会主义核心价值观。目前已开展了36场活动,现场聆听近两万人,收看节目网民近1亿人次,800多万网民参与交流互动。

2014年9月,光明日报推出了《培育和践行社会主义核心价值观·百家经验》专栏。光明网同步推出"百家经验"主题页面和报道专区,配发大量图片和微视频,并在首页重点推介。光明日报法人微博发起"百家经验·我们的价值观"话题,与微友互动交流。不同媒介的报道形成了整合传播效果,融媒体传播方式有效拉近了"百家经验"与受众的距离。

(三)全栏目传播核心价值观

光明日报通过不同内容层次、不同刊发频率专栏的合理搭配,实现了核心价值观宣传的全栏目融入。《培育和践行社会主义核心价值观》是光明日报的一个常设栏目,从2012年底推出以来,已刊发160多篇报道。2015年以来,光明日报还立足自身特色,精心策划推出了《地名的故事·那些历史那些乡愁》《我的座右铭·当代国人的修身故事》《新邻里·新民风》等一批产生广泛影响的核心价值观宣传原创专栏。同年4月30日，在五一劳动节前夕，光明日报策划推出了《劳模家书》专栏报道，生动讲述劳模家书背后的感人往事，呈现劳模的内心世界、美好情怀，抒写广大劳模"爱岗敬业、争创一流，艰苦奋斗、勇于创新，淡泊名利、甘于奉献"的崇高精神和价值追求，唱响了劳动光荣、创造伟大的时代强音。

二、以文化传播和滋养社会主义核心价值观

培育和践行社会主义核心价值观是一项系统工程，其中一个重要方面就是依靠文化的滋养，并通过文化来传播。光明日报的特色在文化、优势在文化。我们立足自身特色和定位，在社会主义核心价值观宣传报道中突出文化特色，突出文化内涵，通过文化的滋养和催化，使核心价值观宣传报道直指人心。

（一）发掘中华优秀传统文化，深耕厚培当代价值。

中华优秀传统文化蕴含着丰富精神价值、深厚的道德资源，光明日报从中发掘符合当今时代需要的思想价值，深耕厚培当代价值。

家庭是德行培育和文化传承的第一驿站，家风家教具有优先、初始的文明和文化意义。光明日报与中央电视台开展的"家风家教大家谈"征文，上通文脉、下接地气，激发了众多读者对家风家教文化内涵的深入探寻，唤醒了广大民众对家风家教文化育人的美好记忆。

乡贤文化是中华文化的宝贵资源，蕴含丰富的人文道德力量。光明日报推出的《新乡贤·新乡村》系列报道深入挖掘浙江、广东、湖南等地传承乡贤文化、进行乡村治理的新鲜故事与经验，刊登的专家学者访

谈和专论,深刻阐释了乡贤文化对传播和滋养核心价值观的重要意义。这一报道得到中央领导同志的充分肯定。在中央领导重视和中宣部推动下,现在各地呈现出宣传推崇新乡贤、继承创新乡贤文化、滋养弘扬核心价值观的热潮。

（二）提炼不同领域文化内涵,与核心价值观交集共振

十八大以来,光明日报深入研究家风文化、校训文化、乡贤文化、企业文化、邻里文化和地名文化,开掘和提炼其中与社会主义核心价值观相贯相通的精神价值,通过《校训的故事》《新乡贤·新乡村》《品牌背后的故事》《新邻里·新民风》《地名的故事·那些历史那些乡愁》等专栏专题系列报道,传播和弘扬这些领域文化中蕴含的高尚精神追求和崇高价值理念,使不同领域文化内容与核心价值观形成交集和共振,很好地促进了核心价值观入脑入心。

2014年4月,光明日报推出了《校训的故事》专栏报道,通过阐发校训的由来、传承和发展,讲述知名大学校训背后的故事和优秀校友成长的历程,展现了校训蕴含的精神追求和文化特质,凝聚了广大师生的价值认同。刘奇葆同志到光明日报调研时,对《校训的故事》专栏给予充分肯定,并要求发挥校训对传播和涵养核心价值观方面的作用,让校训成为广大师生的行为规范和学校的优良风气。按照奇葆同志指示,光明日报进一步推出"校训的故事·忆述""校训文化专家谈""校训传播核心价值观·寻思录""校训的故事·开学第一课"等新系列,使校训报道更加丰满、更加生动,并随后与中宣部、教育部一起,成功举办了"大学校训传播社会主义核心价值观"研讨会。

2015年3月,光明日报与民政部区划地名司合作推出了"地名的故事·那些历史那些乡愁"系列报道,寻访地名流变背后的乡愁故事,追踪地名乱象治理的经验得失，探讨地名文化建设的思路和对策，很好地传播了地名文化知识，弘扬了社会主义核心价值观，受到广泛关注。

三、讲好故事，用先进典型弘扬和引领核心价值观

先进人物、先进典型犹如一面镜子，其言行故事蕴藏着砥砺人心、烛照时代的精神力量。十八大以来，光明日报致力于发现和发掘并生动讲述有光明日报特色的"中国故事"。光明日报特色的"中国故事"，主要是一批典型人物和他们的精彩故事，是一批中国知识分子爱国奉献、创业创新的故事，是一批文化和文化人的故事，其中很多成为时代楷模、道德模范，入选"感动中国人物"。这些人物、这些故事充分展现了中国人民真善美的精神世界、道德力量，传播和弘扬了社会主义核心价值观。

（一）发掘典型人物的当代价值，讲富于时代气息的好故事

在典型人物报道中，光明日报注重站在党和国家工作大局，把握时代变革与发展的大主题，发掘典型人物身上道德品质、人生追求的当代价值，讲富于时代气息的好故事。

十八大以来，全面推进从严治党、大力反腐倡廉成为党和国家的重要工作。2015年2月6日，光明日报在副刊《光明文化周末》以整版篇幅，刊发纪实散文《一位财政部长的两份遗嘱》，讲述了已经去世10年的财政部原部长吴波廉洁自律的故事，在反腐倡廉的形势下，向人们呈现了一个共产党人应有的高尚形象。文章被多家主流网站转载，得到多个有影响力微信公号的推送。当年两会期间，中央新闻单位随即对吴波的先进事迹进行了集中报道，淡泊名利、克己奉公的"吴波精神"一经传播，立刻赢得众口称赞。

（二）以发现的眼光和关爱的情怀，讲述普通人不平凡的故事

光明日报推出的很多典型人物，都是记者在深入基层中发现的。为了一个典型人物的报道，光明日报的记者可以连续几年跟踪关注，持续数月贴身采访，再花几周打磨成稿。秉承这种向广度和深度不断拓展的理念，光明日报逐渐形成了以"发现的眼光和关爱的情怀"来讲述核心价值观故事的特色思路。

2014年5月29日，光明日报一版头条刊发《在泥土中，叩问生命的意义——记时代楷模、农业科学家赵亚夫》。光明日报记者、"范长江新闻奖"获得者郑晋鸣在基层蹲守、深入采访的基础上，报道了农业科学家赵亚夫53年扎根农村，从扶贫式开发到致富式开发再到普惠式开发，用自己独特的"三部曲"创新"三农"发展模式，带领村民走上新型农业小康之路的故事。赵亚夫身上的担当和"探路人"气质，感染和鼓舞了很多人，被誉为"点燃大地的活雷锋"，并获得"时代楷模"的称号。2014年底，习近平总书记在江苏考察时，深入镇江市世业镇先锋村农业园调查了解现代农业发展情况，同赵亚夫同志进行了亲切交谈，赞扬他做给农民看、带着农民干、帮助农民销、实现农民富，赢得了农民群众爱戴，"三农"工作需要一大批这样无私奉献的人。

（三）让典型有"烟火气""人情味"，讲人类共通情感的好故事

在典型人物报道中，光明日报不求高大完美，而求可亲可信，将注意力更多地投向普通人的悲欢离合、命运变迁，挖掘先进典型身上的"烟火气""人情味"，讲人类共通感情的故事，让不同的人群在潜移默化中接受和认同社会主义核心价值观。

2013年6月17日，光明日报一版头条刊发通讯《听油菜花开的声音》，报道农民沈昌健一家35年前赴后继、矢志不渝培育超级杂交油菜的故事。记者把沈昌健、沈克泉父子还原到现实生活中,在矛盾冲突中展现人物的追求,讲述他们在没有任何经济回报情况下,经历一次又一次的实验失败,承受各种冷嘲热讽,全力培育杂交油菜的经历。报道依靠细节和情节呈现人物的内心世界,生动展示了中国梦与普通人的深刻关联。多家媒体特别是网络媒体跟进报道,"油菜花父子"成为2013年"感动中国人物"。在有关这篇报道一个的报告上,中央领导批示"讲好故事事半功倍"。

四、对创新社会主义核心价值观宣传的思考

核心价值观宣传是光明日报新闻报道的一大亮点和核心竞争力。总结十八大以来光明日报在核心价值观宣传方面的创新探索,可以得到以下启示:

(一)核心价值观宣传要顺应大势主动融入全党工作大局

2013年8月19日,习近平总书记在全国宣传思想工作会议上强调,宣传思想工作一定把围绕中心、服务大局作为基本职责,胸怀大局、把握大势、着眼大势,找准工作的切入点和着力点,做到因势而谋、应势而动、顺势而为。核心价值观的宣传也必须顺应大势,主动融入全党工作大局,掌握好时、度、效,这样才能达到理想的传播效果。这些年,光明日报在核心价值观报道中注重紧密联系全党工作大局,同时注意结合当代受众的思维习惯、接受心理,发现、发掘生动感人的典型,讲述和描写内涵丰厚的故事,设置和聚焦具有浓郁文化特色的话题和议题,从而激发受众情感共鸣、达成社会共识。如在中央全面从严治党、深入反腐倡廉的大形势下,光明日报推出财政部原部长吴波廉洁自律的感人报道,契合了公众对共产党人应有形象的期待,取得了很好的宣传效果。

在大众创业、万众创新风起云涌之际，讲述沈昌健父子不畏艰辛、创业创新的故事，生动展现了"油菜花父子"的"中国梦"，产生"事半功倍"的宣传效果。同样，家风家教、校训校风、座右铭、乡贤文化、地名文化、邻里文化系列报道之所以产生广泛的传播力和影响力，原因也正在于此。

（二）把讲好故事作为增强核心价值观宣传吸引力感染力的重要手段

中央领导"讲好故事事半功倍"的批示，为新闻媒体增强核心价值观宣传的吸引力感染力指出了一条有效途径。我认为：讲故事区别于讲道理。讲道理是宣传的内核，如果没有包装，内核就会陷于抽象。而讲故事，是再现具象元素、使受众进入生动场景的方法，是使讲述内容与受众最贴近的方法。光明日报的核心价值观宣传注重讲故事，在典型人物报道中，突出以人们共通的情感和价值追求为出发点讲述故事，让读者读起来"感同身受"。两年多来，光明日报又在努力讲文化和文化人的故事，通过讲故事的方式，深入挖掘优秀传统文化当代价值，传播和滋养核心价值观，显示了很强的吸引力、感染力、传播力、引导力。

（三）适应媒体格局变化大势不断创新核心价值观传播方式

随着互联网尤其是移动互联网的发展，人们的注意力已发生大规模的迁移，"两微一端"等新兴媒体日渐成为人们获取信息的重要渠道。核心价值观的宣传必须适应这种变化，创新传播方式，做到人在哪里，阵地就拓展到哪里。光明日报注重以融媒体方式宣传核心价值观，在"核心价值观百场讲坛"活动中，充分发挥各媒介特性，让各种媒体融会互动，产生传播场的化学反应，使每一场活动都形成一个融媒体产品，取得了优良的传播效果。"核心价值观百场讲坛"现已成为"宣传社会主义核心价值观的标杆性活动"，得到刘云山、刘奇葆等中央领导的充分肯定。这给我们一个启示，媒体融合发展是宣传思想文化工作创新和核心价值观宣传创新的重大任务，要把核心价值观宣传创新和媒体融合发展紧密结合起来，在网上和社交媒体上唱响社会主义核心价值观的主旋律。

2016年新春伊始，习近平总书记在北京主持召开党的新闻舆论工作座谈会并发表重要讲话，高屋建瓴地提出新闻媒体"高举旗帜、引领导向，围绕中心、服务大局，团结人民、鼓舞士气，成风化人、凝心聚力，澄清谬误、明辨是非，联接中外、沟通世界"的职责和使命。光明日报要牢记这些职责和使命，继续坚持把核心价值观宣传放在核心位置，进一步深化和强化党中央推进社会主义核心价值观建设的战略部署和宏伟实践的宣传报道，进一步用文化传播和滋养社会主义核心价值观，进一步发掘好讲述好核心价值观的故事，为使社会主义核心价值观"像空气一样无所不在、无时不有"，成为"百姓日用而不觉的行为准则"，为支撑起公民的精神高度和社会的文明程度，为构建"一个民族赖以维系的精神纽带"和筑牢"一个国家共同的思想道德基础"贡献应有的力量。

为国家立心 为民族铸魂

——十八大以来党中央推进和深化社会主义核心价值观建设纪实

每个走向复兴的民族，都离不开价值追求的指引；每段砥砺奋进的征程，都必定有精神力量的支撑。

这种追求，虽百折而不挠；这种力量，"最持久最深沉"。

正如习近平总书记所言："人民有信仰，民族有希望，国家有力量。"

为国家立心，为民族铸魂。十八大以来，党中央大力推进、持续深化社会主义核心价值观培育和弘扬，"在人的心灵里搞建设"，久久为功，驰而不息。

以马克思主义科学理论为指导，以当代中国社会主义实践为基石，以历久弥新的优秀传统文化为滋养，强基固本的灵魂工程建设，凝聚起社会共识的"最大公约数"，彰显出日益强劲的中国精神、中国价值、中国力量，托举起跨越百年的光辉梦想——中华民族伟大复兴中国梦。

（一）提炼、提升、提振
——寻找"一个民族赖以维系的精神纽带"，筑牢"一个国家共同的思想道德基础"

2012年11月29日，国家博物馆。

面对"复兴之路"展览呈现的壮阔历史，习近平总书记郑重提出"中国梦",并庄严承诺:"到中国共产党成立 100 年时全面建成小康社会的目标一定能实现,到新中国成立 100 年时建成富强民主文明和谐的社会主义现代化国家的目标一定能实现,中华民族伟大复兴的梦想一定能实现。"

黄钟大吕之音,富民强国之情。

在举国热望与世界瞩目中,以习近平同志为总书记的党中央带领中国人民开始了又一段壮阔航程。

然而,这艘扬帆航行的巨轮,面对的并非"潮平两岸阔"。在纷繁复杂的国际国内形势面前,能够充当"压舱石、定盘星"者,唯有坚若磐石的核心价值观。

从习近平总书记一次次语重心长的论述中,可以窥见党中央对核心价值观作用的清醒认识——

"核心价值观,承载着一个民族、一个国家的精神追求,体现着一个社会评判是非曲直的价值标准。""核心价值观是一个民族赖以维系的精神纽带,是一个国家共同的思想道德基础。如果没有共同的核心价值观,一个民族、一个国家就会魂无定所、行无依归。"

倡导富强、民主、文明、和谐,倡导自由、平等、公正、法治,倡导爱国、敬业、诚信、友善。党的十八大报告提出的"三个倡导",明确了社会主义核心价值观的基本内容,中华民族在新时代的精神旗帜昂然树起。

三年来,无论治国理政事务如何繁杂,以习近平同志为总书记的党中央始终把推进社会主义核心价值观建设视作重大战略工程,毫不松懈。

提高国家文化软实力;培育和弘扬社会主义核心价值观、弘扬中华传统美德;中华民族爱国主义精神的历史形成和发展——中央政治局集体学习中，第十二次、第十三次、第二十九次的主题均与核心价值观建设紧密相关。社会主义核心价值观的要义、内涵、作用等，在治国者们的学习与讨论中愈加清晰。

2013年12月，中共中央办公厅印发《关于培育和践行社会主义核心价值观的意见》，明确提出：以"三个倡导"为基本内容的社会主义核心价值观"是我们党凝聚全党全社会价值共识作出的重要论断""为培育和践行社会主义核心价值观提供了基本遵循"，并全面阐述了培育和践行社会主义核心价值观的意义、原则、途径和方法，对这一"铸魂工程"作出了新的战略部署。

"用共同理想信念凝聚民族意志，用中国精神激发中国力量，动员全体中华儿女共同创造中华民族新的伟业。"正如习近平总书记在庆祝中华人民共和国成立65周年招待会讲话中指明的那样，提炼并确立社会主义核心价值观基本内容，提升理想信念、价值取向在国家治理中的层次地位，提振全体社会主义建设者的进取信心，新一届党中央精准发力，用非凡的中国精神凝聚起强大的中国力量。

（二）自信、自觉、自立
——抓住价值观自信这个"关乎民族精神独立性的大问题"，
以传统文化涵养核心价值观，抵御错误思潮侵扰

2012年11月17日，十八届中共中央政治局第一次集体学习。

"理想信念就是共产党人精神上的'钙'，没有理想信念，理想信念不坚定，精神上就会'缺钙'，就会得'软骨病'。"新一届中央领导集体如何带领全国民众，坚持和发展中国特色社会主义？习近平总书记给出的答案之一，是"坚定理想信念"。

理想信念是价值观的核心要素。对理想信念的坚信、坚持与坚守，源自内心价值观的自信、自觉和自立。

精当表述背后，是党中央对价值观问题的长久思考与不懈求索。正如中共中央政治局常委、中央书记处书记刘云山多次强调的那样，增强价值观自信"是关乎民族精神独立性的大问题"，"有自信才会有自觉，有自信才会有清醒，有自信才会有定力"。

对自身的价值观信心坚定，方可始终保持对中国特色社会主义的道路自信、理论自信、制度自信、文化自信。

价值观并非无本之木，而是有根有源；自信并非凭空而来，实为有理有道。

我们的价值观，根源自马克思主义科学理论指导下凝聚的"胆气"——

党的十八大以来，马克思主义中国化理论创新成果喜人，进一步增强了我们的价值观自信。

我们的价值观，根源自中国特色社会主义实践伟大成就奠定的"底气"——

中国作为世界经济"火车头"的地位仍然稳定，经济"新常态"下备感艰辛却砥砺前行的三年，验证着中国特色社会主义道路的正确方向。"这条道路既不是'传统的'，也不是'外来的'，更不是'西化的'，而是我们'独创的'，是一条人间正道。"习近平总书记的话语充满了力量，揭示了这条道路的独特魅力。

我们的价值观，根源自中华传统文化滋养的"志气"——

"中国人独特而悠久的精神世界，让中国人具有很强的民族自信心，也培育了以爱国主义为核心的民族精神。""中华优秀传统文化是中华民族的精神命脉，是涵养社会主义核心价值观的重要源泉，也是我们在世界文化激荡中站稳脚跟的坚实根基。"习近平总书记多次阐明传统文化与核心价值观之间的关系，并通过考察曲阜孔府、过问贵州孔子学堂办学情况、了解《儒藏》编纂等不断提醒国人：传统中有我们的精神基因，文化中有民族的志气底蕴。

一手"培土夯基"，稳固传统文化之根基，以中华优秀传统文化涵养社会主义核心价值观。

倡导优良家风。"不论时代发生多大变化，不论生活格局发生多大变化，我们都要重视家庭建设，注重家庭、注重家教、注重家风，紧密结合培育和弘扬社会主义核心价值观，发扬光大中华民族传统家庭美德。"2015年除夕来临之际，习近平总书记在春节团拜会上特意强调。家教家风成为推进社会主义核心价值观落地生根的重要抓手。2016年1月1日实施的《中国共产党廉洁自律准则》中，"廉洁齐家，自觉带头树立良好家风"上升为党员领导干部的基本要求。

培育乡贤文化。乡贤文化是中国君子文化的典型代表，它根植乡土，蕴含着见贤思齐、崇德向善的力量。十八大以来，各地既重"古贤"又重"今贤"，重构乡村本土文化，敦厚民心民风，激励向上向善，有力促进了社会主义核心价值观在乡村扎根。

重视传统节日。十八大以来，由中宣部、中央文明办主办的"我们的节日"主题活动秉承"长中国人的根、聚中国人的心、铸中国人的魂"宗旨，以民族传统节日为契机弘扬中华优秀传统美德，让传统节日成为爱国节、文化节、道德节，情感节、仁爱节、文明节，彰显了节日文化内涵，树立了节日新风。

一手"拨云见日"，破除错误思潮之迷障，在西方价值观攻势面前岿然不动。

社会主义核心价值观的每个关键词，既根源于中华优秀传统文化，又充分吸取了现代人类文明的优秀思想，"实际上回答了我们要建设什么样的国家、建设什么样的社会、培育什么样的公民的重大问题"，与西方价值标准有着清晰分野——

"富强、民主、文明、和谐"的国家价值目标，与"五位一体"总体布局紧密联系，彰显了中国特色社会主义的广阔前景；

"自由、平等、公正、法治"的社会价值取向，与国家、公民两个层面上下衔接，是推进社会治理创新的根本遵循；

"爱国、敬业、诚信、友善"的公民价值准则，外化为道德建设与行为准则，体现了社会文明水准与国家精神风貌。

坚定的价值自信，扎根于中华大地。任尔千磨万击，不惧狂风乱吹。

（三）落细、落小、落实
——使社会主义核心价值观"像空气一样无所不在、无时不有"，成为"百姓日用而不觉的行为准则"

认识的深化与升华，带来行动的提升与飞跃。党的十八大以来，社会主义核心价值观弘扬与践行更重顶层设计、更富内在驱动，渗透到治国理政各个环节，浸润于社会生活方方面面，尽显其"为益之大，收功之远"。

2015年9月3日，中国人民抗日战争暨世界反法西斯战争胜利70周年纪念大会阅兵现场。

300余名抗战老兵组成的乘车方队率先经过天安门城楼。苍苍白发，熠熠勋章，微微颤抖的军礼表达着对祖国强盛的敬意。掌声如潮水般涌起，泪水模糊了无数双眼睛。

2015年12月13日，南京大屠杀死难者国家公祭仪式在南京市侵华日军南京大屠杀遇难同胞纪念馆举行。这是2014年2月底全国人大以立法形式将12月13日设立为南京大屠杀死难者国家公祭日之后，我们第二次以国之名悼念逝者。首个公祭日，习近平总书记出席公祭仪式并发表重要讲话。

"爱国"，世人深知这份情感的可贵。十八大以来，以习近平同志为总书记的党中央高扬爱国主义旗帜，把弘扬伟大的爱国主义精神作为核心价值观建设极为重要的任务贯穿到国民教育和精神文明建设全过程，利用各种时机和场合，生动传播爱国主义精神，引导人们"树立和坚持正确的历史观、民族观、国家观、文化观，增强做中国人的骨气和底气"。

2014年12月4日，首个国家宪法日，最高人民法院。

"忠于祖国，忠于人民，忠于宪法和法律，忠实履行法官职责，恪守法官职业道德，遵守法官行为规范，公正司法，廉洁司法，为民司法，为维护社会公平正义而奋斗！"40余名来自最高法和地方法院的模范法官面向宪法和国旗庄严宣誓。

此前一个多月，十八届四中全会通过《中共中央关于全面推进依法治国若干重大问题的决定》，开启了中国法治新时代。

此后，党中央秉持"依法治国和以德治国相结合"原则，一面健全有效防范和及时纠正冤假错案的工作机制，重铸法治底线，一面把核心价值观融入法治建设，用善法良策的刚性约束有力支撑核心价值观建设，强化人们的道德判断力和道德责任感。

2016年1月3日，北京朝阳区人民法院通过媒体公布269名"老赖"

名单，限制他们进行高消费，某歌手赫然在列。1月4日，法院执行法官即收到该歌手的还款彩信凭证。

十八大以来，在党中央指导和推动下，有关部门针对群众反映强烈的突出问题进行专项整治，用反面典型警示人，把歪风邪气压下去。"两高"出台打击网络谣言的司法解释，一批网络"大谣"认罪服法；中央文明委印发《关于推进诚信建设制度化的意见》，通过曝光、限制高消费等一系列举措打击各种"老赖"行为，有效遏制了不诚信现象蔓延。

社会主义核心价值观的弘扬与践行，无所不在，无处不有。2015年4月，中央宣传部、中央文明办印发《培育和践行社会主义核心价值观行动方案》，分解出30多项重点任务。按其部署，核心价值观"融入经济社会发展，融入人们生产生活，融入家庭家风家教"，富有实效的创新手段不断涌现。

一方面抓好重点人群，稳固核心价值观的根与魂。

"打铁还需自身硬"，领导干部这个"关键少数"必须成为践行社会主义核心价值观的先行者、好样本。八项规定、群众路线教育实践活动、"三严三实"专题教育、"打虎拍蝇"……一系列举措显著净化了政治生态，党员领导干部带头走正路、干正事、扬正气，有效激发了全社会崇德向善的正能量；"人生的扣子从一开始就要扣好"，核心价值观培育从少年儿童抓起，从青年学生抓起，融入国民教育全过程，为未来整个社会的价值取向夯基垒土。

一方面注重全面覆盖，放大凡人善举、平凡英雄的光与热。

全国道德模范评选、时代楷模发布、感动中国人物表彰，"身边好人""寻找最美"……三年来，舍己救人的"最美教师"张丽莉，捐资助学、扶贫济困的将军夫人龚全珍等无数道德灯塔在全国挺立，照亮了整个社会的价值星空。道德模范形成了强大的示范效应,学雷锋、志愿服务在大江南北蔚然成风,与文明城市、文明村镇、文明单位、文明家庭、文明校园等创建活动同频共振。善行河北、安徽好人、感动浙江……从一个身边好人的凡人善举,到一群道德模范的身先士卒;从一座城市的好人频出,到一个社会的崇德尚善。细水长流的日常熏陶,使人们从心底迸发出对善的敬重、对美的向往,成为这个时代最引人瞩目的精神力量。

一项项治理举措扎实有力,一个个道德痼疾得以疗治。三年来,社会风气发生潜移默化的变化,时代精神风貌开始逐步重塑。高远的价值追求在切近的现实生活中扎下根须,旺盛生长,支撑起公民的精神高度和社会的文明程度。

(四)交流、交融、交汇

——从世界多彩文明中汲取丰富营养,为人类共同价值贡献东方智慧

1月21日,在对伊朗进行国事访问之际,习近平署名文章《共创中伊关系美好明天》见诸《伊朗报》。饱含历史与情感的文字,尽显今日中国敞开怀抱、文明互鉴的真诚心愿。

今日中国,携5000年悠久文明精髓对接全新时代。"一带一路"构想赢得60多个国家响应,亚洲基础设施投资银行成功开业,加入上百个政府间国际组织,签署300多个国际公约,在亚太经合组织、上海合作组织、二十国集团、金砖五国等重要多边合作机制中担任重要角色。随着朋友圈越来越大,我国提出的"亲诚惠容"等外交理念深入人心,以合作共赢为核心的新型国际关系构建有力,打造人类命运共同体、责任共同体、利益共同体的倡导引起广泛共鸣。

以习近平同志为总书记的党中央引领当代中国，以新的理念新的姿态健步走向世界舞台中央。

2015年9月28日，纽约联合国总部。

"'大道之行也，天下为公。'和平、发展、公平、正义、民主、自由，是全人类的共同价值，也是联合国的崇高目标。目标远未完成，我们仍须努力。"习近平出席第七十届联合国大会一般性辩论并发表重要讲话。

掌声如潮，经久不息，传递着世界各国对中国领导人倡导"全人类共同价值"，坚持多边主义、奉行多赢共赢新理念的高度肯定。

"全人类共同价值"，是对"人类命运共同体"在思想理念层面的深度挖掘，是对世界各国自觉奉行的价值准则的高度概括。它反映着世界最广大民众的价值理想、价值愿望和价值追求，是人类处理各类关系的共同准则。

但是，"全人类共同价值"不是西方所谓的"普世价值"——

"普世价值"是和"普世模式"连在一起的，它折射的是某些西方国家的强权和霸道。一些西方国家以居高临下的姿态，宣扬所谓"普世价值"，其实质是推销自己的"民主国家体系"和"自由体制"，用自己的尺子来衡量世界。他们不管一个国家、民族的意愿和实际，要求各文明参照他们的标准进行自我改造和转型，"普世价值"只是维护其世界统治地位、实现其最大利益的工具。

而在"全人类共同价值"面前，各个国家和民族是平等的，也是自主的。它承认和平、发展、公平、正义、民主、自由是大家都认可的价值观，大家都在为之努力，但每个国家的历史文化、发展阶段不一样，在追求的过程中有先有后，要正视这种差异。任何国家都不能简单地否认他国的努力，把自己的模式强加到别国头上。

"民主和人权是人类共同追求，同时必须尊重各国人民自主选择本国发展道路的权利。"2015年9月25日，习近平主席在同美国总统奥巴马共同会见记者时的回答掷地有声，清晰地表明了中国的立场。

这三年来的理论探索和实践表明：社会主义核心价值观与"全人类共同价值"是内在相通的——

中国文明的发展不是站在人类现代文明之外的发展，而是主动融入、引领世界潮流的发展。社会主义核心价值观，既植根于5000多年中华文明的丰厚土壤，也汲取着全人类共同文明成果和共同价值的丰富营养，它是全人类共同的文明成果和共同价值的升华和具体体现。

中国特色社会主义建设取得的巨大成就，早已确证中国道路对世界和平发展的重要启示意义，彰显中国道路向前延展的价值理念支撑，也因此成为"人类共同价值"宝贵的智慧资源，不断为世界各国尤其是发展中国家提供极富价值的参考。

社会主义核心价值观，是中国对全人类共同价值的重要贡献，也是中国对人类文明包容互鉴所作的郑重承诺。

这三年来的理论探索和实践同时表明：作为中国特色社会主义事业的基本价值引领，社会主义核心价值观与所谓"普世价值"有本质的区别。社会主义核心价值观所倡导的民主，是人民民主、是人民当家作主；自由，是人民民主专政下的自由，是同纪律有机统一的自由；公正，是人人平等、人人享有的公正；法治，是坚持党的领导、人民当家作主、依法治国有机统一的法治……

只有生长于本民族文明土壤中的价值观，才能对"全人类共同价值"提供文明互鉴的独特价值；只有代表人类前进方向的价值观，才能对世界产生感召力和影响力。

从"和谐中国"到"和谐世界",从"社会主义核心价值观"到"全人类共同价值",从人类"命运共同体"到"价值共同体",中国不断基于成功实践为世界贡献理念与价值,也拓展与增进世界各国对中国理念、中国价值的认同。

"亚洲发展的美好愿景,同国家富强、民族振兴、人民幸福的中国梦是相通的。"马来西亚总理纳吉布说。

"中国的梦想不仅关乎中国的命运,也关乎世界的命运。"英国《金融时报》刊文称。

这让人回想起2014年5月4日,回想起总书记与北京大学师生座谈时对"青年要自觉践行社会主义核心价值观"的殷殷期望,回想起总书记那番充满自信的话语:

"站立在960万平方公里的广袤土地上,吸吮着中华民族漫长奋斗积累的文化养分,拥有13亿中国人民聚合的磅礴之力,我们走自己的路,具有无比广阔的舞台,具有无比深厚的历史底蕴,具有无比强大的前进定力。"

这是向世界传递的中国声音,这是向世界表达的中国信心。

今天,"十三五"新航程正在开启,全面建成小康社会只待冲刺,中国迎来了实现复兴梦想的关键节点。

以中国之名,因人民之托,我们扬高尚精神阔步前行,我们拥磅礴之力坚定逐梦!

(新华社北京2月4日电,人民日报、光明日报2月5日一版头条刊发,作者为光明日报记者王斯敏、谢文、张春丽)

目录

第一场
民族复兴中国梦的文化根基与价值支撑 / 001

第二场
社会主义核心价值观：我们共同的追求，共同的坚守 / 013

第三场
践行核心价值观与全民修身 / 024

第四场
核心价值观与中华民族的崛起 / 030

第五场
在经受考验中坚守精神高地 / 037

第六场
价值认知关键在于人心 / 044

第七场
传统文化与当代自信 / 054

第八场
锻造中华民族的精神品格 / 061

第九场
法治与核心价值观的关系 / 075

第十场
"两弹一星"的辉煌成就和伟大精神 / 080

第十一场
核心价值观须立足优秀传统文化 / 086

第十二场
以改革视角解读四中全会精神 / 092

第十三场
川藏线：用血肉与灵魂铸就的"英雄路" / 098

第十四场
核心价值观与中国人精神世界重建 / 104

第十五场
国际视野下的中国道路 / 116

第十六场
因爱坚守，让青春在麻风村闪光 / 129

第十七场
我们和西部有个约定 / 134

第十八场
乡贤文化与核心价值观 / 140

第十九场
茫茫天宇写忠诚 / 152

第二十场
中国传统文化的基本精神与现代传承 / 158

后记

民族复兴中国梦
的文化根基与价值支撑

扫码查看视频实录

时　　间：2014年5月30日

地　　点：中国人民大学

嘉　　宾：叶小文

嘉宾介绍：叶小文，现任中央社会主义学院党组书记、第一副院长。中国社会科学院宗教学博士，韩国东国大学名誉博士。曾任国家宗教事务局局长、党组书记。主要著作有《多视角看社会问题》《化对抗为对话》《把中国宗教的真实情况告诉美国人民》《从心开始的脚步》（中、韩版）《宗教问题怎么看怎么办》《宗教七日谈》《小文百篇》《望海楼札记》（中、日版）等。

精彩观点：

★ 在文化信念的荒漠上，立不起一个伟大的民族，民族复兴的中国梦，要有文化的根基，要有价值的支撑。

★ 经济上的"人强我弱"变了，文化上的"人强我弱"也要改变。

★ 核心价值观承载着一个民族、一个国家的精神追求，体现着一个社会评判是非曲直的价值标准。

今天"核心价值观百场讲坛"我来开讲，抛砖引玉。玉在哪里？玉在后面一场一场的讲座里，玉在今天听讲的各位老师、同学和网上的朋友那里。在座的各位都是"人人握灵蛇之珠，家家抱荆山之玉"。我今天很荣幸来讲"民族复兴中国梦的文化根基和价值支撑"。这个题目有一点难,我从三个方面来讲。第一,三君子问出"文化焦虑"。第二,中国梦呼唤"文艺复兴"。第三,富起来更要"厚德载物"。

三君子问出"文化焦虑"

第一个是黄炎培之问:我生60多年,耳闻的不说,所亲眼看到的,真所谓"其兴也勃焉,其亡也忽焉"……都没能跳出这周期律的支配力……中共诸君如何找出一条新路?第二个是梁启超之问:郑和下西洋乃"有史以来,最光焰之时代","而我则郑和之后,竟无第二个郑和"?第三个是李约瑟之问:如果中国的朋友们在智力上和我完全一样,为什么直到中世纪中国还比欧洲先进,后来却会让欧洲人着了先鞭呢?怎么会产生这样的转变呢?

何来文化焦虑?

三君所问,无不凝聚折射着文化焦虑。人无文化,浮躁浅薄,难免"其亡也忽焉"。文化涵养,有助于跳出"人亡政息"的周期律。民无文化,行也不远,当然"竟无第二个郑和"。文化繁荣,催生着"江山代有才人出"的新局面。国无文化,急功近利,能有几个人愿意锲而不舍地艰苦创业?文化底蕴,才能孕育以爱国主义为核心的民族精神和以改革创新为核心的时代精神。

三君子所问,我认为根本答案就在二字,文化!

三君子问出了文化焦虑。他们焦虑什么呢?中国是最有文化的,先秦诸子、汉唐气象、宋明风韵……五千年文脉涵养出泱泱中华,多元一体的中华民族创造了万紫千红的文化。

那何来文化焦虑?近代以来,中国一直沦为半殖民地半封建社会。

古国蒙羞，生灵涂炭，国将不国，文化安在？

可是中国人一直就没有停止过追求民族复兴、追求文化强国的梦想。只有新中国建立，站起来的中国人民才能改天换地，才能自己穿上一件新的衣服。可是一穷二白，还是挥之难去啊！我是新中国建立后长大的，记得50年代"大跃进"我们意气风发，超英赶美，拼命干啊。可是毛泽东还是沉痛地说，我们一为"穷"，二为"白"。"穷"就是没有多少工业，农业也不发达。"白"就是一张白纸，文化水平、科学水平都不高。毛泽东着急啊！

文化荒漠立不起伟大民族

建设军事强国、经济强国，还要建设文化强国，这是几代中国人的强国梦。在文化信念的荒漠上，立不起一个伟大的民族。今天习近平总书记提出民族复兴的中国梦，这个梦要有文化的根基，要有价值的支撑。

经过30年的改革开放，"穷"的帽子大体甩掉了，但是"白"呢？外人看我脱穷，都惊讶地睁大眼睛。几年前我去香港出差，女儿让我买一个LV包。一看价格一万二，我说这么贵，是不是多写了一个零，我就犹豫：买吗？尽管我是个部级干部，工资也不低，如果买，一个月工资没了，如果不买回去怎么交代呢？正犹豫，旁边来了一个人，衣服还扣错了，说"拿十个"，看都不看，钱一甩，就走了。我说老板这是什么人，你们商店都是什么人来得多？他说，前些年是日本人，后来是台湾人，他们钱多。可这两年都是大陆的，最近来的全是10个20个拿。我说这是哪里的人呢？这是山西的煤老板。

可是，外人观我治"白"，却不屑地耸耸肩膀。撒切尔夫人，她不像现在的卡梅伦那么客气。中国对英国的出口贸易量大，她说那有什么呢？中国注定成不了强国，出口了那么多电视机，出口过一部电视剧吗？这就讲到我们的软肋了。我们的电视剧很多，这些年开始出口了，前些年可没有出口。但是电视剧题材一窝蜂，一会儿都是清朝格格那点事儿，有段时间全是反间谍片，而且间谍一定是美女。这些片子怎么出口呢？所以外人觉得我们的文化还不太行。

但不管外人如何看我们，我们不必妄自菲薄。我们的文化建设已经出现了发展里程碑。现在文化基础设施大为改善：广播电视村村通，文化站到处都有，农村电影到处放，还有很多农村书屋，是世界第三大电影生产国、第一大电视剧生产国、出书数量第一。可是，我们还算不上文化强国，我们的文化还是繁而未荣啊！

文化上"人强我弱"要改变

现在，文化强国不仅是梦想、期待，还是具有紧迫性的强烈需求了。向外看，经济上的"人强我弱"变了，文化上的"人强我弱"也要改变。江泽民同志说，必须把弘扬和培育民族精神作为文化建设极为重要的任务。胡锦涛同志指出，全面建成小康社会，实现中华民族伟大复兴，必须推动社会主义文化大发展大繁荣，兴起社会主义文化建设新高潮。习近平同志讲，中华民族创造了源远流长的中华文化，中华民族也一定能够创造出中华文化新的辉煌。

大家知道，当人均GDP低的时候，主要是物质文化需求。我是20世纪50年代出生。那时候谈恋爱，女孩穿军装就美得不行了。我太太穿了一套军装，我就开始追求她。今天看在座的女孩子哪个衣服一样了？都百花齐放了嘛！你满大街去找，能找到两个一样的吗？找到就说今天撞衫了，回去换一件。

我们的精神生活需求是越来越厉害。我们富了吗？我们富了。但我们中国是文明古国，书香门第，再富也不能浮躁。沉静、从容、大气、平和，有其境界，是文化大国的气质。不应该有了钱就狂了、疯了，不知道该怎么办了，就"我爸是李刚"，这怎么搞得？

文化啊文化，三君所问，今天还在撞击着我们的心灵！

中国梦呼唤"文艺复兴"

中国在现代化浪潮中的崛起有数可算。连续30多年保持平均9.8%的增长，这在世界上没有过。现在经济下行的压力已经来了，各种问题扑面而来，让人应接不暇。经济增速的换挡期，结构调整的阵痛期，要保证经济持续、良性增长，整个国家必须有一股精气神，必须保持持续振奋的民族精神和旺盛的创新活力，必须团结奋进，所以实现民族复兴中国梦一定要有文化根基和价值支撑。

中国梦为什么呼唤文艺复兴？人类文明进步的历史充分证明，没有先进文化的积极引领，没有人民精神世界的极大丰富，没有全民族创造精神的充分发挥，一个国家、一个民族不可能屹立于世界先进民族之列。

同学们都知道文艺复兴。今天世界的现代化起源于数百年前的西欧历史上发生的一场持续200余年的文艺复兴运动。文艺复兴把"人"从"神"的束缚中解放出来，把生产力从封建社会的束缚中解放出来，带领西欧走出中世纪的蒙昧和黑暗，迎来了现代文明的曙光。

文艺复兴"后遗症"

文艺复兴真的很伟大，但是我们也不能不承认文艺复兴之后解放了的人有一点儿膨胀，搞得人与自然的关系紧张，人与人的关系也紧张了。

比如，人和自然关系的紧张。天、地、水、空气，是人类生存最基本的要素。现代工业文明彻底打破了自然的和谐与宁静，人类成了自然的主人和敌人。

我们糟蹋老天，对着天疯狂地吹，温室效应不断加剧，使世界气象组织发出警告。但存方寸地，留与子孙耕。青山绿水，就是金山银山。然而我们的地怎么样了？生态恶化，粮食紧张，水源污染，鱼死滩头……

讲到空气，北京人感受最多的就是雾霾。我前几天去广东出差，听到广东的同志说："你们好好工作，不好好工作调你们到北京去。"

客观上看，有个"环境库兹涅茨U型曲线"，讲环境退化和经济增长的关系。在经济增长的前期阶段会使环境遭到破坏，到一定的拐点，经济质量提高了，人均收入增长了，环境就开始得到保护，环境污染会由高趋低。

据说，美国是11000美元才拐，日本8000美元就拐了，德国7000美元就拐了，我们4000美元就开始考虑拐了。我们现在正处于4000美元到10000美元的爬坡阶段，处于倒U曲线的左侧，即增长要以加速整体生态环境恶化为代价的阶段。而中国生态环境脆弱，资源相当紧缺。我们只能选择一条发展道路：在保持经济增长势头的同时延缓和尽量避免整体生态环境的恶化，并尽可能地节省能源。你看中国办点事难不难？

再比如，人与人关系的紧张。《共产党宣言》里说，"资产阶级撕下了罩在家庭关系上的温情脉脉的面纱，把这种关系变成了纯粹的金钱关系。"当代西方社会在从"现代社会"向"后现代社会"转型的过程中，"上帝之死"带来了信仰迷茫和精神焦虑。当代中国社会在向现代化转型的过程中，也出现了某些"远离崇高"和"信仰缺失"的精神现象。文艺复兴极大地解放了"人"，但"人"又付出了极大的代价——文艺复兴使"人"从神的束缚中被解放出来，之后人又被神化、异化。

"新的文明复兴"中国应该有所作为

出路何在？一场新的"文艺复兴"，我将其称为新的文明复兴，已躁动于时代的母腹，呼之欲出。这场新的文明复兴，要把过度膨胀的人还原为一个"和谐"的人，要建设一个人与自然和谐、人与社会和谐、人与人和谐的新的"和谐世界"。

中华民族的文化传统，因应着这个时代要求。英国的历史学家汤因比说过，"避免人类自杀之路，在这点上现在各民族中具有最充分准备的，是两千年来培育了独特思维方法的中华民族。"

什么独特思维方法？就是天人合一，允执厥中，仁者爱人，以和为贵，和而不同，众缘和合。其核心，就是"和"。"礼之用，和为贵，先王之道斯为美。"人类文明的交汇已走到量变到质变的临界点，人类危机呼唤人本主义在否定之否定意义上的继承和发扬。中华民族实现民族复兴的伟大进程，肩负着推进一场新的文明复兴的时代使命。迎接这场并不逊色于历史上的文艺复兴的、新时代的"文艺复兴"，中国应该有所作为。

富起来更要"厚德载物"

周虽旧邦，其命维新。富起来更要"厚德载物"。民族复兴中国梦要有价值支撑。习近平同志特别强调指出，人类社会发展的历史表明，对一个民族、一个国家来说，最持久、最深层的力量是全社会共同认可的核心价值观。它承载着一个民族、一个国家的精神追求，体现着一个社会评判是非曲直的价值标准。

核心价值观在家国情怀中

在中国，说不完道不尽的，正是家国情怀。史书万卷，字里行间都是"家国"二字。无论社会变迁沧海桑田，不管乡野小农高官巨贾，人皆知"万物本乎天，人本乎祖"的规则，都遵循"敬天法祖重社稷"的古训。

"家是最小国，国是千万家"，"我爱我的国，我爱我的家。"有一个情感是共同的，"为什么我的眼里常含着泪水，因为我深爱着脚下的土地。"中华民族同样属于一个伟大的、不可替代的族群。凝聚我们这个历久弥新的伟大国度的精神资源之一，同样是那永不衰竭的家国情怀。

未有我之先，家国已在焉；没有我之后，家国仍永存。多少沧桑付流水，常念家国在心怀。如此，每个中国人短暂而有限的生命，便融入永恒与深沉的无限之中，汇集成永续发展永葆青春的动力。"家"在"国"中卿卿我我，吉祥如意；"国"在"家"中生生不息，兴旺发达。核心价值观就在我们的心中，就在家国之中。民族复兴中国梦，一定要有核心价值观的支撑！

核心价值观要对症下药

十八大报告从三个倡导提出积极培育践行社会主义核心价值观。中央发布《关于培育和践行社会主义核心价值观的意见》，标志着我们从讨论核心价值观到开始践行的飞跃。核心价值要变成基本动力，要有完备的理论体系，也要有更凝练的观点，才能形成基本动力。

要怎么凝练呢，要接地气，必须植根于中国传统文化，同时要有活力，要吸收世界的创新。这里面的核心无非是要解决公和私、人和己的关系。核心价值观的要害是要处理好市场经济中公和私、人和己的关系问题——道德问题，要对症下药，对症施治。

中国是最守诚信的国家，可是一个有着诚信悠久传统的民族，在发展市场经济中遇到了诚信缺失症的难题。对于发展市场经济中社会上出现的道德沦丧、信任缺失、腐败时现的现象，如果整个社会的核心价值观不能对症下药、刮骨疗伤，而任其病入膏肓束手无策，就没有说服力，缺乏生命力。搞市场经济不是搞市场社会，使市场在资源配置中起决定性作用，不是要使市场在社会生活中也起决定性作用。

国无德不兴，人无德不立。市场经济无德，也搞不好、搞不成。"地势坤，君子以厚德载物"。中国特色社会主义之所以能席地而来，浩浩荡荡，其特色之一，就是能以"厚德"载市场经济。所以核心价值观建设在道德问题上聚焦，道德问题在市场经济发展中凸显。市场经济中的道德问题，尤以信用缺失症为重，所以我想讨论市场经济中的信用缺失症的诊和治。

信用缺失症四大症状

这是一个病呐，我们现在诊断一下，望闻问切，看到了它的四种表现：一切向钱看，信用缺失症在细胞滋生；有钱啥都干，信用缺失症向机体蔓延；权钱做交易，信用缺失症使器官腐败；为钱可逆天，信用缺失症让大家疯狂。

致富是大家的期盼，穷病穷病，都是穷出来的病，但是富怎么也出来病呢？改革开放极大地根治了穷病，但不能"富得只丢掉了魂，穷得只剩下钱"呐！不能搞得大家都心浮气躁不思进取，心烦意乱不知所从，心高气盛欲壑难填呐！

信用缺失症使器官腐败。我们大多数的干部都是兢兢业业的，但是不能不正视腐败之风已经严重侵蚀我们的党政干部队伍，总不能"老虎遍地有，苍蝇满天飞"。所以在依法严惩腐败的时候，坚持"老虎""苍蝇"一起打的同时，必须建立"不想腐、不能腐、不敢腐"的机制，必须解决有效的道德调节问题。

市场经济下的道德调节问题

无论东方西方，无论已"后现代化"还是在努力实现现代化，都面临一个共同的问题——市场经济条件下的道德调节问题。

我曾与国学大师南怀瑾有一个对话：现代化使人们的物质生活水平普遍提高，可精神世界却缺少了关照。现代的人们拥挤在高节奏、充满诱惑的现代生活中，人心浮躁，没有片刻安宁。大家好像得了一种"迷心逐物"的现代病。如果失落了对自身存在意义的终极关切，人靠什么安身立命？问题是现代化和市场经济不断放大满足安身立命的基本约定，刺激、放任个体对物质享受的过度追求。于是，"天下熙熙皆为利来，天下攘攘皆为利往"。近利远亲、见利忘义、唯利是图、损人利己甚至"要钱不要命"的道德失范现象，在生活提高、人类进步的现代化浪潮中沉渣泛起。

市场经济有两个起点，每个经济的个体都追求利润的最大化，这是资本的本质；每一个真实的个人都追求利益的最大化，这是自私的本性。社会转型带来了信任模式的断层，许多不道德、不诚信的行为与市场经济中的不规范、不发达相伴相生。社会运行机制失当也给社会信任机制带来负面影响。

市场经济是好东西，能推动社会生产力的发展，有巨大的进步意义。但是市场经济的道德调节有明显局限性：它本身是不分善恶的。市场经济要逐利，就管不了那么远，管不了整体利益、长远利益，于是，人类日趋严重的"生态伦理问题"就出来了。

市场经济对道德是"二律背反"。一方面，资本追逐利润，个人追求物质利益，导致拜金主义——排斥道德；另一方面，社会整体追求公平、正义，市场规则要遵守，道德要自律——要求道德。这个病就难治了。

诊治信用缺失症的六味药方

我今天先开出六种药方,当然更寄希望于"核心价值观百场讲坛"后面那么多大家一起来群策群力。

第一要法治,不受制约的权力难免腐败,绝对不受制约的权力有可能绝对腐败。习近平总书记强调,"党领导立法、保证执法、带头守法。"只有这样,才能把权力关进制度的笼子里,使各级官员都经得起市场经济的诱惑和考验。常修为政之德,常思贪欲之害,常怀律己之心,在市场经济的考验中继续成为全心全意为人民服务的道德模范。如此,群众对我们的干部才能"譬如北辰,众星共之"。

第二要规治。十八大报告提出,深入开展道德领域突出问题专项教育和治理,加强政务诚信、商务诚信、社会诚信和司法公信建设。要让"骗子过街人人喊打,信用不良寸步难行"。

第三要德治,自己管住自己。康德说过,有两样东西一直让我心醉神迷,那就是头顶的星空和内心的秩序。内心的秩序是什么?今天就是要倡导爱国守法敬业诚信,要构建传承中华传统美德、符合社会主义精神文明要求、适应社会主义市场经济的道德和行为规范。提倡修身律己、尊老爱幼、勤勉做事、平实做人,推动形成"我为人人、人人为我"的社会氛围。

第四要心治,最难治的病是心病。和谐世界,从心开始,最难的就是这个心。1989年我在《中国社会科学》杂志发表长篇论文《变革中的社会心理》,结论很清晰,经济快速增长引起紧张,高度紧张造成焦虑。现在大家脾气很大,所以要心治。佛教讲"心安则众生安,心平则天下平",可供我们借鉴。

第五要综治。这是关键。市场经济对道德的"二律背反",需要自律，需要互律，需要他律。我们要加大政府自身的改革，推进政治文明进程；我们要提高法的公正性；我们要进一步完善市场经济体制，要加大对市场的监管力度；我们要提高"合力"的作用。互律也好，他律也好，关键是自律。我们要使有德的人多起来，道德的土壤厚起来，厚德载物，厚德载市场经济。

第六要长治。长效药在哪里？我写了一篇文章《让道德成为市场经济的正能量》，发表在今年4月17日的《光明日报》头版头条上。中华民族作为一个有着深厚文化传统的伟大民族，在走向现代化、建设社会主义市场经济的过程中有没有办法化解市场经济的道德悖论？

习近平同志指出：中华文明积淀着中华民族最深层的精神追求，代表着中华民族独特的精神标识，为中华民族生生不息、发展壮大提供了丰厚滋养。这段论述使我们眼前一亮：化解市场经济自发运行的道德悖论，不妨在市场经济发展中激活中华民族的精神基因。中华民族的精神基因在哪里？在传统文化里。但传统文化、传统道德过去没有、现在也不能把我们带进现代化。就此，习近平同志又指出，要加强对中华优秀传统文化的挖掘和阐发，努力实现中华传统美德的创造性转化、创新性发展。

总之，我们应该尝试，在唯物史观的指导下，激活中华传统文化的优秀精神基因，成功结合资本的冲动与诚信的构建，建立适应社会主义市场经济的道德和行为规范。当这个价值观的大问题基本解决了，当大家都富起来，且人人皆君子，就可以"君子以厚德载市场经济"。

今天围绕《民族复兴中国梦的文化根基和价值支撑》这个题目，我从三个方面谈了自己的学习体会，抛砖引玉，敬请批评。

（光明网记者章丽鋆　蒋正翔整理）

社会主义核心价值观：
我们共同的追求，共同的坚守

扫码查看视频实录

时　　间：2014年6月24日

地　　点：北京航天航空大学

嘉　　宾：李君如

嘉宾介绍：李君如，中央党校原副校长。曾任中央党史研究室副主任、中宣部理论局副局长，历任上海社会科学院院长助理、毛泽东思想研究中心主任、邓小平理论研究中心主任，兼任中国人权研究会副会长、中国马克思主义哲学史学会常务理事、全国邓小平理论研究会副会长、中国国际文化交流中心理事等。代表作毛泽东研究"三部曲"——《毛泽东与近代中国》《毛泽东与当代中国》《毛泽东与毛泽东后的当代中国》获第11届中国图书奖；《邓小平的"中国特色社会主义"》获全国"五个一工程"1991年度优秀论文奖；与夏禹龙合著的《邓小平的管理思想和领导艺术》获全国"五个一工程"1992年度优秀论文奖。

精彩观点：

★ 国家层面上"富强、民主、文明、和谐"这8个字的价值目标，是当代中国历史性大反思和时代性大变动的深刻总结

★ 社会层面上"自由、平等、公正、法治"这8个字的价值取向，是反映中国社会新变化、新走向的新观念

★ 个人层面上"爱国、敬业、诚信、友善"这8个字的价值准则，是优秀民族思想文化传统在当代的表述和弘扬

走上讲坛时，我想起了一件事，想起了一个人，想起了一批年轻的生命。

去年9月，我到新疆石河子大学参加一个研讨会。会后，翻过天山，沿着伊犁河谷去霍尔果斯口岸考察，研究西部对外开放的条件等问题。车开到一个叫乔尔玛的地方。在路边，我突然发现有三间连着的小平房，其中一间房子的门开着，里面的墙上挂满了锦旗。出于好奇，我推门进去，房间的女主人和老伴向我介绍这些锦旗的由来。

这家的男主人叫陈俊贵，1979年从辽宁入伍来到新疆，参加了北起独山子、南至库车的天山独库公路大会战。在这场没有硝烟的战斗中，先后有168名解放军指战员献出了年轻的生命。陈俊贵告诉我，在这条造福新疆人民的公路上，平均每3公里就要牺牲1名年轻的战士。多么悲壮的故事啊！我的心灵感受到震撼。

更让人震撼的，是陈俊贵本人。1980年冬，修筑公路的1500多名官兵被暴风雪围困在零下30多摄氏度的天山深处，唯一与外界联系的电话线也被大风刮断，大家面临寒冷冻死、断粮饿死的危险。为尽快与40公里外的施工指挥部取得联系，陈俊贵奉命随同班长、副班长和另一名老战士去向指挥部报告，寻求救援。在海拔3000多米高寒缺氧的雪山上，他们顶风冒雪，艰难前行。可是，部队指挥部还没有找到，他们身上带的20多个馒头却剩下最后一个。在大家饥肠辘辘的关键时刻，班长作出了一个让陈俊贵一生难忘的决定："我和副班长是共产党员，某某某是老兵，只有陈俊贵是新兵，年龄又小，馒头让他吃。"不久，班长和副班长先后无声无息地倒下了，陈俊贵和那个老战士掉下山崖被哈萨克牧民救起后，终于把施工官兵被暴风雪围困的消息报告给了指挥部。

后来，陈俊贵因严重冻伤在医院接受了长达4年的治疗，并于1984年复员回到辽宁。娶妻生子、过着安逸的生活后，他心里仍时刻想念着班长。

1985年冬天，他决定辞去稳定的工作，带着妻子和刚刚出生的儿子回到了终生难忘的天山脚下，在离班长坟墓最近的一个山坡上搭了一间简易房子，为班长守墓。这一守，就是20多年。

我听陈俊贵讲着这一感人的故事，忘记了疲乏和晕车的难受。接着，又在他的引导下参观了陵园和纪念馆。看到烈士陵园的碑文上写着"人是躺下的路，路是竖起来的碑"，我不禁流下了串串热泪。这次翻越天山，留在心中的，是永远不能忘怀的陈俊贵的故事，是永远不能忘怀的168名烈士的年轻生命。

为什么会想到这个故事？因为社会主义核心价值观是内生于心、外显于形的大善之德。培育和践行社会主义核心价值观，首先要了解这24字是怎么形成的，在对历史的深入理解和自然领悟中把它们内化于心中，成为做人干事、处世待人的"一定之规"。

因此，我今天重点讲一讲社会主义核心价值观是从哪里来的，怎样培育社会主义核心价值观，以及为什么社会主义核心价值观是我们共同的追求，共同的坚守。

来源：历史反思和时代变动的深刻总结

毛泽东曾经提出一个问题："人的正确思想是从哪里来的？"他是这样回答的："是从天上掉下来的吗？不是。是自己头脑里固有的吗？不是。人的正确思想，只能从社会实践中来。"同样，我们也可以问一下：这24字价值观是从哪里来的？它也不是从天上掉下来的，不是我们头脑里固有的，而是在社会主义现代化建设和改革开放的实践中形成的，是在总结社会主义建设历史经验的过程中提炼出来的，是当代中国历史性大反思和时代性大变动的深刻总结。

国家层面上"富强、民主、文明、和谐"这8个字的价值目标是怎么形成的？回想一下我国社会主义建设和改革开放的历史就明白了。

新中国成立时，我们就在《中国人民政治协商会议共同纲领》中提出要"为中国的独立、民主、和平、统一和富强而奋斗"。进入社会主义社会后，根据党的八大提出的"把我国尽快地从落后的农业国变为先进的工业国""尽可能迅速地把我们的国家建设成为一个伟大的社会主义国家"这一任务和目标，掀起了轰轰烈烈的社会主义建设热潮。

在社会主义建设初期，我们对社会主义的认识很朴素，甚至认为共产主义生活就是"楼上楼下，电灯电话"。后来经历了一系列曲折，终于，在党的十一届三中全会上决定把工作重点转移到社会主义现代化建设上来。这是当代中国历史性大反思和时代性大变动的历史起点。

在全面改革开始后，党的十三大把"富强"和"民主""文明"一起写进了党的基本路线。当时的提法是："为把我国建设成为富强、民主、文明的社会主义现代化国家而奋斗。"

在这样的基本路线指引下，我国现代化建设和改革开放势如破竹地推进，中国特色社会主义之路越走越宽广。与此同时，新的问题也发生了。随着政策的放开、改革的深化、经济的发展，我国社会分层加剧，社会成员之间、城乡之间、地区之间以及经济与社会之间发展的不平衡性突出了，社会矛盾增多了，群体性事件也接连不断地发生。针对这种情况，党的十六大提出了"全面建设小康社会"的新任务，并且把"社会更加和谐"作为其中一个重要目标提了出来。十六届四中全会后，党中央把中国特色社会主义事业的总体布局由经济、政治、文化三位一体的布局，拓展到经济、政治、文化、社会四位一体的布局。在十六届六中全会通过"构建社会主义和谐社会"的决定后，十七大把"和谐"这两个字写进了党的基本路线。这样，我们的奋斗目标就由"富强、民主、文明"三个元素构成的现代化，拓展为"富强、民主、文明、和谐"四个元素构成的现代化。

社会主义核心价值观来自我国现代化建设和改革开放实践,是当代中国历史性大反思和时代性大变动的深刻总结。只要联系我国改革开放以来走过的路,不需要死记硬背,就可以记住什么是我们要坚守的社会主义核心价值观了。

我们讲"富强、民主、文明、和谐是国家层面的价值目标",不能仅仅理解为这只是国家追求的目标,与我无关。事实上,国家的追求就是我们大家共同的追求。在中国人的观念中,"国"离不开"家"、"家"离不开"国",国家好了,我们大家都会好。

理解:新变化和新走向的深刻反映

前面讲到"历史性大反思",又讲到"时代性大变动","反思"是对历史的总结,"变动"是现实的变化。这种变动、变化是改革开放带来的,而且主流是积极的而不是消极的,是给中国带来新变化和新走向的大变动。24字社会主义核心价值观新就新在反映了中国社会在改革开放这样的时代性大变动中出现的新变化和新走向。

在社会层面上,"自由、平等、公正、法治"8个字的价值取向,就是反映中国社会新变化、新走向的新观念。

在中国,夏商周是宗教占统治地位的社会。春秋战国时期诸子百家提出"敬鬼神而远之",于是"仁者爱人""有教无类""民为邦本""和为贵"的思想出现了。这意味着中国人开始从宗教占统治地位的社会中走了出来,"随心所欲不逾矩"的自由观念也伴之而生。但是,那时思想最解放的人还没有从"君子"与"小人"的等级观念中解放出来,"自由"还不是被贬为"小人"的人民群众的权利。到后来董仲舒"独尊儒术,罢黜百家",从宗教占统治地位中走出来的中国人又被一整套巩固封建专制主义的"三纲五常"套住了。随着这个体系日臻完备，出现了"存天理、灭人欲"的局面，这就导致"五四新文化运动"喊出"打倒孔家店"的吼声。

这场浩浩荡荡的思想解放运动，尽管出现了对中国传统文化否定一切的片面性，但让中国人接受了"人权""民主""自由""科学"等新观念，进而接受了马克思主义。中国共产党就是这样应时代进步潮流而生，并站在这个时代进步潮流的前锋，为中国的文明与前途奋斗着。我们党领导的新民主主义革命高高地举起了"民主""自由"的大旗。当1949年毛泽东宣布"占人类四分之一的中国人从此站立起来"的时候，中国人民不仅从统治中国几千年的"三纲五常"的纲常体系中解放出来，而且从帝国主义、封建主义和官僚买办资本主义的政治文化统治中解放出来，开始享受到"民主""自由"的喜悦。

我们今天的改革开放发端于被称为"真理标准问题大讨论"的思想大解放。在中华文明的发展过程中，如果说春秋战国时期诸子百家争鸣是第一次思想解放运动、"五四新文化运动"是第二次思想解放运动，那么"真理标准问题大讨论"启动的就是第三次思想解放运动。这次思想解放运动还在深入，它带给中国的是改革开放，是社会主义市场经济体制的建立和完善，是中国前所未有的历史大进步大发展。正是在社会主义市场经济体制建立和发展的过程中，"自由""平等"等人类文明中的进步观念才在中国确立起来。

在发展社会主义市场经济的过程中，我们不仅确立了自由观念，而且对平等观念也有了新的认识。本来，马克思主义就认为商品是天生的平等派，市场经济是在平等的商品交换中实现的，没有平等就没有市场经济。但是在中国，有的人把不是商品的权力同金钱的交换也混同于平等的商品交换。假市场经济之名大行腐败之道是市场经济不允许的，是不平等的特权的产物。所以，平等和自由一样，也是我们倡导的社会价值取向。

当然，把平等看作是平均主义也不是马克思主义。按劳分配不是平均主义的分配。马克思说，如果在共产主义社会第一阶段就想做到分配结果是平等的，那么权利就是不平等的。党中央明确指出，在今天的中国，追求的公平是权利、机会和规则公平，而不是平均主义的公平、结果公平。

需要注意的是，在我们倡导的价值观中，除了"自由""平等"，还有"公正""法治"。如果说前者是社会给每个人提供的发展条件，那么后者就是政府在社会治理中要信守的原则和规范。在这个意义上，我们可以说"公正""法治"是"自由""平等"的保障。

为什么要强调这个问题呢？首先，这是完善和发展社会主义市场经济提出的要求。我们是从传统的计划经济和政府一点一点放权让利的过程中转变到社会主义市场经济的。但政府手中还有许多应该放掉而没有放掉的权利，经常强势干预市场，造成市场秩序混乱和产能过剩。因此，我们的市场经济还不完善，"寻租"、腐败难以完全避免，不仅影响自由、平等，而且使政府缺乏公正和公信力，使法制成为一纸空文。这就需要把政府与市场的关系作为一门专门的课题来研究，让政府、市场以及社会能够各就各位。为此，在完善和发展社会主义市场经济过程中，不仅要在全社会倡导自由、平等的价值取向，还要倡导能够维护自由、平等的公正、法治的价值取向。

同时，这更是推进国家治理体系和治理能力现代化的要求。前面我们说到改革开放给中国带来了巨大的变化，集中体现在社会内在的生机和活力被激发出来，这就是我们平时常说的"搞活了"。有活力总比死气沉沉要好，但在搞活的同时也出现了一系列乱象，比如不讲诚信、假冒伪劣、卖淫嫖娼、吸毒贩毒、邪教作乱等等社会现象屡禁不止，党内也出现了贪图享受、求神拜佛、买官卖官、行贿受贿等腐败现象。这就给我们提出了一个"治乱"的重任。我们要治乱，但又不能把社会治死，而要形成一个活而有序的社会。以习近平为总书记的党中央已经给出了一个答案：完善和发展中国特色社会主义制度，推进国家治理体系和治理能力现代化。

综上所述，我们可以清楚地看到，自由、平等、公正、法治这样的社会主义核心价值观对中国社会在改革开放中出现的新变化和新走向的深刻反映。只要联系国家的历史特别是改革开放的历史来理解社会主义核心价值观，就不需要死记硬背。

要求：在当代继承和弘扬优良文化传统

在24字社会主义核心价值观中，最能体现民族文化传统的，是"爱国、敬业、诚信、友善"这8个字，这是公民个人层面的价值准则。古人常讲"精忠报国""天下兴亡，匹夫有责""民无信不立""善人者，人亦善之"等，讲的都是怎么做人待人的问题。"爱国、敬业、诚信、友善"就是这些好的思想文化传统在当代的表述和弘扬。

社会主义核心价值观为什么要分"国家层面""社会层面"和"公民个人层面"？首先，这是当前全面深化改革总目标的需要。党的十八届三中全会明确指出，全面深化改革的总目标是完善和发展中国特色社会主义制度，推进国家治理体系和治理能力的现代化。这就需要有先进的价值观念支撑。而要建设国家治理体系和治理能力，只有从国家、社会、公民个人三个层面都形成与此相适应的价值观，才能获得成功。其次，这是现代化进程面临问题的要求。我们现在面临的是多层次多层面的问题。习近平总书记明确地说过，这三个层面社会主义核心价值观的概括,"实际上回答了我们要建设什么样的国家、建设什么样的社会、培育什么样的公民的重大问题"。再次,这是由国家、社会、公民个人三者的关系决定的。恩格斯说过,国家是从社会中产生、自居于社会之上并日益同社会相异化的特殊力量,讲的就是国家与社会的关系。从国家的起源上讲,在社会中各种利益矛盾特别是阶级矛盾不可调和的情况下,社会中占优势的阶级就建立起国家这样的上层建筑;从国家的存在状态看,它居于社会之上统治和管理着社会;从国家面临的风险看,它极有可能被权力所异化,走向反面。至于在社会中,又有一个社会与公民个人的关系。社会是由公民个人组成的,可以说是公民个人的总和;但公民个人又有不同的利益要求,社会只能尊重公民个人而不能包办公民个人的利益。这就发生了社会与公民个人的复杂关系。所以,培育社会主义核心价值观,要考虑这三个层面不同的特点和要求。

在一个以富强、民主、文明、和谐为价值目标的国家里,在一个以自由、平等、正义、法治为价值取向的社会里,公民应该是一个什么样的公民呢?从公民自身来讲,要爱国、敬业;与此同时,还要解决公民与公民之间的关系问题,这就需要倡导诚信、友善。简单地说,"爱国、敬业、诚信、友善"这8个字,讲的就是对自己要好,对别人也要好。这是每一个公民在社会中生存和发展必须奉行和坚守的最基本价值准则。

行动:培育要和践行结合起来

习近平总书记强调:"人类社会发展的历史表明,对一个民族、一个国家来说,最持久、最深沉的力量是全社会共同认可的核心价值观。核心价值观,承载着一个民族、一个国家的精神追求,体现着一个社会评判是非曲直的价值标准。"因此,培育社会主义核心价值观的意义,怎么说都不过分，十分重大。

需要强调的是，要让"富强、民主、文明、和谐，自由、平等、公正、法治，爱国、敬业、诚信、友善"24个字的社会主义核心价值观入脑入心，不仅要了解这24字是怎么形成的，是针对什么提出来的，而且还要下大力气培育和弘扬。古人历来重视道德教化，而这种教化不是单纯地"教"，还要在"践行"中化为内心的自我规范。比如古人常讲"修身、齐家、治国、平天下"，这里的"修""齐""治""平"就是"践行"。

习近平总书记曾经明确指出："一种价值观要真正发挥作用，必须融入社会生活，让人们在实践中感知它、领悟它。要注意把我们所提倡的与人们日常生活紧密联系起来，在落细、落小、落实上下功夫。"这不仅讲要"践行"，还强调要联系我们的日常社会生活来"践行"。

我们应该认真地琢磨总书记的这个要求，努力把他提出的要求变为现实。我有个小建议：能否在媒体开展"十万个怎么办"的征文和讨论？因为，价值观是内生于心、外显于行的东西，是要通过"行"表现出来的。"行"，就是"办"。过去有一本对青少年乃至于成年人影响很大的书，叫做《十万个为什么》。"为什么"，讲的是现象背后的本质和规律，这是科学的任务。"怎么办"，讲的是人在认识和改造世界中的行为准则问题。比如我提一个问题："当你走过一个地方，那里正在升国旗，你应该怎么办？你是向国旗行注目礼，还是在那里大声喧哗？"我再问你三个相互关联的问题："如果你在赶路的时候撞倒了一个老人，你该怎么办？""你看到马路边上有一个被撞倒的老人，你该怎么办？""你是老人，在马路边被人撞倒了，你该怎么办？"诸如此类"怎么办"，有法律问题，有道德问题，但从深层次讲是价值观问题。广泛征集人们在日常生活中遇到的"怎么办"问题，再就大家提出的问题从价值观上进行讨论（也可以从法律、道德上开始讨论，最后落到价值观上去），效果一定会比空洞地解释"什么是24字价值观""怎样弘扬24字价值观"要好。

　　总之，在全面深化改革，为实现"两个一百年"的历史任务，为中华民族伟大复兴的中国梦而奋斗的今天，一定要把培育和践行社会主义核心价值观作为关乎国家前途命运和人民幸福安康的大事来对待，因为这是我们共同的追求，共同的坚守。

（光明网记者　章丽鋆、李贝整理）

践行核心价值观与全民修身

扫码查看视频实录

时　　间：2014年7月22日
地　　点：广东省中山市长洲社区烟洲书院
嘉　　宾：薛晓峰
嘉宾介绍：薛晓峰，现任中山市委书记、市人大常委会主任。山西省汾阳市人，1977年4月参加工作，武汉大学新闻传播学院新闻系新闻学专业毕业，硕士研究生学历，博士学位。系广东省哲学社会科学"十百千人才工程"第一层次人才，武汉大学、湖南大学、暨南大学兼职教授。

精彩观点：

★ 在老百姓的口袋鼓起来之后，我们思考更多的是如何让老百姓的脑袋"富"起来。

★ 要实现中华民族伟大复兴的中国梦，仅在物质层面是不够的，还有赖于"软实力"的崛起。而核心价值观恰恰是软实力的灵魂。

★ 以社会主义核心价值观为核心的修身活动，也要接地气，贴民心，虚功实做，避免大而无当的倾向。

今年，习近平总书记在多个重要场合阐述社会主义核心价值观："要把培育和弘扬社会主义核心价值观作为凝魂聚气、强基固本的基础工程，作为一项根本任务，切实抓紧抓好。"

为什么总书记在当前这个时候提出要培育和践行社会主义核心价值观？我认为，最重要的原因就是，经过30多年的发展，我们在物质层面已经取得了很大进步，如中国GDP总量已居世界第二，但要实现中华民族伟大复兴的中国梦，仅仅停留在物质层面是不够的，还有赖于"软实力"的崛起，有赖于日益强健的心灵——而核心价值观恰恰是软实力的灵魂。

在经济实力到了一定水平的历史阶段，的确是到了该谈谈如何培育和践行核心价值观的时候了。

培育和践行核心价值观的有效载体

改革开放30多年来，在老百姓的口袋鼓起来之后，我们思考更多的是如何让老百姓的脑袋"富"起来。我们发现，在推动和谐社会、幸福和美家园建设的过程中，有一些深层次问题单靠经济增长是解决不了的，需要通过进一步提高人的道德素质来化解；同时，发展的内生性动力需要通过进一步提升民族传统中固有的"精气神"来凝聚——也就是说，两个文明，两手都要抓，两手都要硬。

经过一段时间的探索和思考，在中宣部和广东省委的支持指导下，我市于2011年9月20日（全民道德日）制定颁发了《关于开展全民修身行动的意见》，在全国率先开展全民修身行动，将它作为培育和践行社会主义核心价值体系、社会主义核心价值观的重要抓手和突破口。

什么是全民修身行动？顾名思义就是"全民"+"修身"+"行动"，三个要素中的主体是"全民"，它的形式是"修身"，它的途径是"行动"，它的目的是"提高人的素质，促进人的全面发展"。说到底，就是以社会主义核心价值观为引领，通过弘扬优秀传统文化"以文化人"的功效，营造一个人人崇德向善、个个积极向上的良好氛围，实现中华传统美德的创造性转化、创新性发展，使核心价值观成为每个市民提升自我的行为准则与完善自我的自觉行动。

全民修身行动与社会主义核心价值观有何关系？

一方面，两者在内容上是一致的。全民修身行动把人的全面发展作为最高目标，内容中涵盖了爱国、敬业、诚信、友善等方面。如"公民意识培育行动"着力培育公民的爱国精神与情怀。其中，爱国、爱乡是中山人的优良传统，也是中山践行社会主义核心价值观的重要组成部分。

另一方面，两者在理念上是一致的。比如，两者都强调知行合一。全民修身行动是修心与修行并重，强调知与行的结合，强调虚功实做；社会主义核心价值观也是培育和践行的统一，在培育中践行，通过践行促进培育。

把社会主义核心价值观落细、落小、落实

习近平总书记强调："一种价值观要真正发挥作用，必须融入社会生活，让人们在实践中感知它、领悟它。要注意把我们所提倡的与人们日常生活紧密地联系起来，在落细、落小、落实上下功夫。"回头来看我们的全民修身行动，三年多来，无论是教育引导、舆论宣传、文化熏陶，还是实践养成、制度保障等，都努力体现了总书记提出的这一要求。具体说来，我们的实践路径分为五个方面：

教育引导。在教育引导方面，我们有一个很响亮的品牌，那就是修身学堂。像这样的学堂，目前全市共有1100多间，涵盖了所有的机关、企业、社区等。它们大多数是依托书院、祠堂、学校等特色基层文化阵地建立起来的，听课的是市民，讲课的也大多是市民。我们让那些有着助人为乐、见义勇为、诚实守信、敬业奉献、孝老爱亲等传统美德的中山人走上讲台，讲自己的故事，用"身边人讲身边事、身边人讲自己事、身边人教育身边人"的方式，引导群众自我开展公民道德教育。

舆论宣传。在全民修身行动的催化下，近年来，中山市涌现出许多英勇而富有爱心的感人事迹，"中山好人"方阵不断壮大。各类好人好事被媒体广为传颂，发挥了道德引领和典型示范作用，更凝聚起一个时代最强大的正能量。我们不断完善好人评选宣传机制，陆续推出了中山好员工、好司机、好婆婆、好媳妇、好导游、好领队、每月一星、优秀外来员工、和美家庭等评选活动，通过报纸、广播、电视、网络等形式宣传他们的感人事迹，让他们走进我们的修身学堂。近期，我们还将把部分身边好人的感人事迹编成微戏剧，以文艺作品的形式更加生动地展示给全社会，从而激发更多的社会正能量。

文化熏陶。我们在开展全民修身行动的过程中，十分注重通过文化熏陶来提高市民文明素质。中山本身就是文明程度很高的城市，在继承传统的同时，花大力气推进文化惠民工程，不断丰富群众的文化生活，使群众的文明素质在欢愉的文化体育活动中得到潜移默化的提升。

实践养成。我们坚持以"行动"为支点，通过倡导"岗位修身"和开展系列主题活动，促进虚功实做，推动社会和谐善治。所谓"岗位修身"，就是全市各部门、各镇区按照"一系统一主题、一镇区一特色、一阶段一重点、一行业一标杆"的要求，结合实际开展主题突出、形式新颖的修身行动。

制度保障。制度是社会风气的导向标，对人的价值判断起引导作用。因此，我们在开展全民修身行动、弘扬社会主义核心价值观的过程中，也注重用制度去鼓励人们自觉地抑恶从善。

如今，全民修身行动已经开展3年多了，中山确确实实发生了很大变化——社会道德舆论环境变得更好了，做好人、做善事蔚然成风。可以说，全民修身行动寻求的正是向上向善价值取向的"最大公约数"。

推进全民修身,为社会治理现代化探路

今年两会期间,习近平总书记提出,广东要在全面深化改革中争当排头兵,努力交出物质文明和精神文明两份好答卷。他还嘱托中山,把伟人故里建设得更加美丽。

今年4月,中山市出台《关于以社会主义核心价值观为引领进一步推进全民修身行动的意见》。结合这个《意见》,我认为,进一步推进全民修身,关键是打好"四张牌"。

一是走群众路线,打好"全民牌"。首先,要坚持全民修身行动的出发点与归宿点不变——那就是"一切为了群众";其次,开展全民修身行动要"一切依靠群众";再次,开展全民修身行动要"从群众中来,到群众中去","百姓点菜,政府配餐";最后,修身要把党的正确主张变成群众的自觉行动。

二是虚功实做,打好"实践牌"。一个行动胜过一打纲领。所以,全民修身行动不但要树立知行合一的道德信仰,更重要的是把道德认知转化为行动自觉。全民修身行动不但"看起来很美",还要"干起来很实"。打好实践这张牌,关键在"三个融入":融入日常文明礼仪的实践之中,从礼仪、礼节、礼貌入手,将"三礼"作为开展全民修身行动最基本的实践形态;融入生产实践与社会治理之中,把全民修身行动作为服务业发展、服务型社会、服务型城市建设的重要抓手;融入志愿服务以及其他各种修身活动实践之中,将志愿行动作为医治社会"道德伤疤"、彰显人性光辉的灵丹妙药。

三是以"文"化人,打好"文化牌"。通过全民修身,树立中山人的文化自觉、文化自信与文化自尊。中山人要有"子规夜半犹啼血,不信东风唤不回"的态度,要带好头,继承、发扬好传统文化,充分发掘具有中山本土特色的慈善文化、名人文化、产业文化,既要把全民修身

融入文化产品、公共文化服务和文化活动之中，又要在文化惠民中实现社会主义核心价值观的有效渗透。

四是可持续发展，打好"机制牌"。在一个社会中，出现一两个好人可能是个别、偶然的现象，若要涌现出一个个好人方阵、一群人，那就应该在社会基础、文化基础、制度基础上找答案。全民修身行动的成功主要在于构建了党政主导、全民参与、典型带动、激励引领等机制。我们将进一步健全这些机制，认真梳理过去的好经验、好做法，将一些在实践中行之有效的做法及时上升为新的制度保障，最大限度地发挥机制的效用，让修身之树万古长青。

（光明网记者　章丽鋆整理）

核心价值观与中华民族的崛起

第四场

扫码查看视频实录

时　　间：2014年7月30日

地　　点：武警交通第九支队北京延庆驻地

嘉　　宾：公方彬

嘉宾介绍：公方彬，现任国防大学政治工作教研室副主任、教授。曾任军事科学院军队政治工作研究所副所长、正师职研究员。从军32年，3次参加边境作战，荣立一等功2次，三等功4次，1984年被广州军区授予"模范思想工作骨干"荣誉称号，获二级英雄模范奖章，1999年荣获"中国青年五四奖章"。主持或参与完成了国家、军队等赋予的研究课题80余项，出版著作或参编著作28部（套），发表文章200多篇，个人著述达500余万字。

精彩观点：

★ 人类的文明史发展到今天，铁血已经不是大国兴起的核心之巅，取而代之的应该是文明创造

★ 国家之间存在三大博弈——政治制度博弈、利益博弈和核心价值观博弈。目前，世界正在走向以核心价值观博弈为支点的时代

★ 中国坚持的是社会主义制度，走的是社会主义道路，建设的是社会主义文化，注定要由社会主义核心价值观来支撑和提升

习近平总书记在中央政治局第13次集体学习时强调指出，要"使核心价值观的影响像空气一样无所不在、无时不有"。这充分说明核心价值观对社会乃至国家民族的极端重要性，同时指明了发挥社会主义核心价值观作用的路径。我们或许可以说，核心价值观关系着中华民族的崛起。

大国崛起于哪里？

现在全世界都在热炒中国的崛起，这就要求我们思考：中国崛起于哪里？或者从更广泛的人类文明史上来讲，大国崛起的规律是什么？

人类文明史反复证明：帝国总是要衰败的，没有永恒的帝国，但有永恒的文化或文明成果。在整个人类文明史中，从古罗马到当代，无不证明了这一点。每一次奥运会的主办者都高度张扬本国、本民族的文化和文明，而不是物质财富。中国的发展史同样表明：保证中华民族血脉延续的是富于凝聚力、向心力的文化。有人讲："崖山之后无中国，明亡之后无华夏。"表面看似乎如此，因为蒙古族灭了南宋，满族灭了大明王朝。然而，往深处分析便发现，两个民族最后都融入了中原文化，或者说56个民族共同构建起中华民族文化。正因为中原文化同化力很强，才让一个从来不以征服、攫取为目的的民族保证了绵延生息，保证了大民族的大融合。可以说，中原文化是由56个民族共同创造、形成的，是这个伟大民族的包容度让一次次文化入侵得以消解。

人类的文明史发展到今天，铁血已经不是大国兴起的核心之巅，取而代之的应该是文明创造。有这样一个论断：国家分三个层次——三流国家出口产品，二流国家出口标准和规则，一流国家出口文化和价值观。根本而言，大国崛起于文明，只有立身于人类文明的制高点起引领作用，才敢言崛起。文化的力量是巨大的，先进的文化必然有先进的核心价值观灵魂。因此，要保证立身于人类文明制高点的先进文化产生出来，就必须获得支撑文化的核心价值观，为文化注入灵魂。

哪些变化在影响核心价值观？

核心价值观一定与时代相联系。那么，哪些变化在影响着核心价值观或呼唤着核心价值观呢？

第一，大国博弈进入以核心价值观为支点的时代。国家之间存在三大博弈——政治制度博弈、利益博弈和核心价值观博弈。目前，世界正在走向以核心价值观博弈为支点的时代。这种博弈的最大特点是内含政治，外显为文化。能不能在博弈过程中成为胜者，关键看文化的先进性，进而看是否有一种先进的核心价值观注入其中。在博弈重点发生变化以后，我们需要把核心价值观体现出来，有所突破，以此引领我们的行为和价值取向，这是时代的呼唤。

第二，革命党向执政党转变，需要将核心价值观作为新精神力量的增长点。党的十七届四中全会指出，中国共产党从革命党转变为执政党。处在革命阶段，赢得阶级基础，获得阶级力量，关键靠马克思主义的阶级学说——这是中国共产党的力量之源，是赢得胜利的理论支撑。而进入执政阶段，中国的阶级关系已经发生变化，再加上利益关系的变化，决定了我们必须找到新的精神力量增长点。中国共产党由革命党转变为执政党，背后涉及许多问题、观念、方法论的变化。在这个转型过程中，核心价值观恰恰为我们找到了新的经济增长点，找到了看问题的新方法和新观点。所以，结合世界政治生态的变化和中国共产党创新理论的内在需要，新精神力量的增长点在核心价值观。

第三，中国社会转型要求以核心价值观来引领价值追求，规范社会行为。改革开放以来，中国社会结构和经济结构都发生了巨大变化，其中很重要的一点是小农经济基础上的道德价值观开始瓦解，而新的与市场经济、信息文明相适应的道德价值体系尚未建立起来，由此导致一定程度的价值观紊乱现象出现。社会发展规律早就证明：经济基础决定上层建筑，每一种经济发展方式的变化都带来新的价值系统产生。当在农业文明基础上形成的"五伦道德"或"熟人道德"无法满足现实需要后，就必须建立"六伦道德"或陌生人道德。其他领域的观念与此相类似。因此，在社会转型过程中，保证新的价值系统有效运行的支点或基础，只能是核心价值观。

核心价值观看不见摸不着，但一旦确立起来，就会驻存于灵魂深处，随时发挥作用。我上过战场，直面过死亡的威胁。有人说，"战场上的英雄是一念之差"，问题在于这一念之差指向哪里？是逃避还是冲上去，这个区别很大。而决定选择的，就是灵魂深处的价值观。综观我们今天的伦理道德规范，我们欢呼的、愤慨的、痛苦的，都要切入到核心价值观上来，并且利用核心价值观来调解、引领和改造。

为什么只能依靠社会主义核心价值观？

一种核心价值观的兴起和没落，背后反映的是一个民族、文化的兴起和没落。核心价值观的缺失总是反映在精神领域，最终酿成社会问题。中国坚持的是社会主义制度，走的是社会主义道路，建设的是社会主义文化，注定要由社会主义核心价值观来支撑和提升，而不是依靠其他的什么价值观。

利用社会主义核心价值观支撑中华民族的崛起，至少有这么三点我们可以把握。

第一点，社会主义核心价值观具备了包容和吸纳一切人类文明成果的能力。海纳百川，有容乃大。应该说我们的民族文化就得益于包容力。

前面我讲了少数民族进中原体现了这个包容度；近现代一百年来，洋务运动开始后很多西方文化进来，都没有改变中华民族文化，反而是我们化解了或者吸收了其他的优秀基因……以上都证明了包容度，这个保证我们民族绵延生息的基础。今天中国的崛起不是零和博弈，而是和人类所有的文化、不同民族在共同寻找文化的增长点。中华民族今天走向世界，我们的核心价值观已经清楚地告诉世界：我们的文化可以包容、吸纳人类创造的一切文明成果，我们不是破坏者，同时我们的崛起也不是灾难。有了这个前提，我相信中国走向世界后会具有更强大的担当能力。当然，强调这一点实际上也反过来塑造我们自己——我们在取向上、在价值目标上制定规则，明确前进方向和实现目标。

第二点，社会主义核心价值观具备了区分不同文化、诠释自身制度特点与道路选择的能力。核心价值观就是一个价值坐标的问题，它用评价、选择提供一个标准、坐标。我们的核心价值观具备了区分文化的特征，世界的文化是丰富多彩的，我们与西方的文化不一样，但都是奔着文明去的，只是走向不一致，在某个阶段的节点上结果也不一样。

中国不排斥西方创造的文明成果。民主、自由、人权是西方资产阶级创造的文明成果，中国从来没说反对自由，中国共产党也从来不反对民主、人权，但是不同的民族发展确实有不同的阶段，有自己的文化、习惯、行为、路线设计，所以我们只能走自己的路——这就是核心价值观已经区别了不同的文化差异，同时诠释了本民族的文化。

我还想强调一点：我们先天就有优势，关键是揭示和发挥。比如平等的问题，中国共产党革命的动力就是解决平等问题，消除不平等，消除剥削，我们社会主义制度追求的就是平等。

第三点，我觉得社会主义核心价值观具备了开拓文明新路径的基本能力。把文明作为国家层面的核心价值，突出反映着社会主义核心价值观的取向。既然大国崛起于文明,那么就意味着以此为取向,有希望把中华民族推向更高的责任和担当。尤其放在当下,这一价值追求的意义更大——历史早就证明,每一大国的兴起都会与旧制度发生一定程度的冲撞,要避免冲撞导致的灾难,只能寄希望于找到一个平衡点和妥协的路径。

怎样实践好社会主义核心价值观?

社会主义核心价值观提出容易深化难,真正化作人们的价值追求和行为准则更难。这个问题主要不是理论工作者完成的,而是实践工作者来完成。

第一点,不断深化社会主义核心价值观研究,将其化作思想和理论体系,揭示其神和魂。社会主义核心价值观是一个体系,包含12个概念,每一个都值得解读,而且必须整体解读,不能分解。解读最重要的是让人弄清它的实质,诠释核心价值观能发挥到什么程度。解读能力非常重要,社会主义核心价值观应该有一个重要的思想、理论大厦,我们需要执着地把它完善、丰富和发展。

第二点,努力将社会主义核心价值观引入生活,注入法规制度,真正成为社会的柔性约束。核心价值观不同于某一思想理论,它关系一个民族价值系统的建设,带有根本性、基础性,既不能轻易更改,更不能一阵风。要解决这个问题,就必须把核心价值观注入老百姓的生活之中,唯此才能发挥生命力,产生作用。在座的战友,咱们都穿着军装,军装里面就有精神元素,就有核心价值观。汶川地震时,网上有一首影响很大的诗《妈妈,别哭,我去了天堂》,其中一句是"可惜我等不及看到绿色的军装"。为什么灾难来临的时候老百姓都希望看到穿军装的人呢?因为那代表着希望,那是一代代军人用鲜血和生命铸就的精神符号。所以我们的价值观要进入生活，塑造引导力，而英雄就是载体，由它来引领我们的价值坐标，成为一个标杆。

第三点，最大限度启发大众的自觉，以内生动力支持社会主义核心价值观建设。自觉性是确立价值观的最大动力之源。人类境界有三个层次：一是被感人的事情感动；二是你的行为感动别人；还有一个境界，你被自己的理念和行为感动——这个时候我们就成熟了，有稳定的核心价值观的支撑和引导了。

（光明网记者 章丽鋆、蒋正翔整理）

在经受考验中坚守精神高地

扫码查看视频实录

时　　间：2014年8月28日

地　　点：广西南宁

嘉　　宾：丁晓兵

嘉宾介绍：丁晓兵，武警广西总队政委。1983年10月入伍，1984年10月在执行军事任务中英勇负伤，失去右臂，荣立一等功，荣获为他特设的第101枚"全国边陲优秀儿女"金质奖章。先后被原人事部和中国残联授予"全国自强模范"称号；被武警部队评为第八届"中国武警十大忠诚卫士"；被武警总部树为学习贯彻"三个代表"重要思想标兵、优秀共产党员和优秀干部标兵；被中组部授予"全国优秀共产党员"荣誉称号。在担任指导员期间，所在连队被军区评为基层建设先进连，荣立集体一等功1次、三等功2次；任营教导员和团政治处主任期间，所在单位年年被评为先进集体；多次受到党和国家领导人的亲切接见。

精彩观点：

★ 只有确立了一个正确的核心价值观，才能使我们在精神上有"压舱石"，思想上有"主心骨"，行动上有"指南针"，进而产生高度的生命自觉。

★ 只有对责任使命、艰难困苦多些担当，把自己逼到极致，才能激发生命的巨大潜能。

★ 只有坚持用社会主义核心价值观不断升级灵魂的"杀毒软件",才能有效地增强内在定力,才能真正地守住精神高地,建设精神家园。

习近平总书记指出:"人类社会发展的历史表明,对一个民族、一个国家来说,最持久、最深沉的力量是全社会共同认可的核心价值观。核心价值观,承载着一个民族、一个国家的精神追求,体现着一个社会评判是非曲直的价值标准。"从本质上讲,培育社会主义核心价值观就是要在国人的心灵深处构筑起强大而坚实的精神高地,这也是每一位中国人生存和发展必须坚守的价值取向和行为准则。

我是一个经历过战争,有过生与死切身体验的人。或许正是因为如此,我对生命意义的感悟和人生价值的实现有了一些刻骨铭心的思考。

精神追求与生命自觉

伟大的事业需要崇高的精神追求,伟大的实践需要明晰的价值取向,而最终影响和决定价值判断与选择的根本指导,其实就是核心价值观。只有确立了一个正确的核心价值观,才能使我们在精神上有"压舱石",思想上有"主心骨",行动上有"指南针",进而产生高度的生命自觉。

有了崇高的精神追求和生命自觉,才会知道人生的大方向在哪里,并能在时代的大格局中找准自己的位置,认识到作为生命存在的全局意义和社会价值。1984年7月,我作为侦察兵参加了西南边陲的防御作战。一次,我与3名战友一起,潜伏至敌方阵地执行强行抓捕俘虏的任务。当我们成功捕获一名俘虏撤退时,遭到敌人疯狂的火力报复。战斗中,我永远失去了右臂,一路滴着血,和战友们交替掩护着往回撤。当看到抬着担架前来接应的战友时，我再也支撑不住，一头栽倒在地。这段"两世为人"的经历，使我对生命的意义，对人为什么活着、怎么活着才有价值有了更深入的思考，而这些思考，又直接影响和决定了我以后许多重要的人生抉择。30多年的军旅生涯让我感悟到：虽然我们无法把握生命的长度，但是可以通过不懈努力，寻找一个可以承载拓展生命宽度和厚度的有效载体，创造出生命的"高附加值"。这个载体，就是报效国家、服务人民、奉献社会。

有了崇高的精神追求和生命自觉，才能在纷繁复杂的抉择中，知道自己该做什么，不该做什么，确保人生的航船始终行驶在主航道上。在传统社会向现代社会快速转型、各种思潮相互碰撞的变革时代，如果心里没有核心价值观这根"定海神针"，就很可能出现迷茫、困惑和浮躁，在各种复杂考验面前失态、失误、失德，甚至失败。硝烟散去，走下战场后，我获得了很多荣誉，入了党，记了一等战功，破格提干，还获得了为我特设的第101枚"祖国边陲优秀儿女"金质奖章，受到党中央、中央军委领导的亲切接见。面对那么多的鲜花、掌声和荣誉，还不到20岁的我确实没有思想准备，一段时间里竟然有些心浮气躁，飘然膨胀。这时，有两件事对我触动很大。一件事是父亲领我去干休所拜访老红军、老英雄。老前辈那满满一盒尘封已久的军功章使我突然意识到自己的年轻与肤浅。另一件事是一个大学生给我来信："丁晓兵，你成为英雄只算过了第一关。假如十年二十年以后，仍然还有事迹从你身上出现，这个英雄的称号你才当之无愧。"这两件事让我清醒了许多。我暗暗告诫自己，决不能把党和人民的厚爱当作索取回报的筹码，决不能因为戴上英雄的桂冠而脱下战士的钢盔。荣誉已成为过去，居功就是自毁，只有不断淡忘过去的辉煌，才能有勇气和办法面对未来的艰辛和挑战。

有了崇高的精神追求和生命自觉，才能很好地把握个人与社会、个体与集体、自然与必然的辩证关系，真正实现内心的和谐。服务人民是我党我军的根本宗旨，这种精神追求和价值取向也是每一位党员领导干部指导人生选择的一个基本价值标准。伤愈后，我面临的第一个选择就是工作安排问题。面对地方优厚的待遇和部队艰苦生活的选择，我也犹豫过，但最终我还是选择留在部队，理由很简单：我热爱部队，热爱这身军装，我已经把生命融入部队这个英雄的集体。从南京政治学院毕业时，我又作出了一个让许多人都不太理解的决定——到基层一线带兵。执意要求下，我被分配到基层连队当了一名指导员。身处复杂浮躁的社会大环境中，坚定的精神追求和稳定的人生坐标，不仅能使我们产生巨大的精神力量，也让我们面对各种复杂的人生考验，始终保持一种积极、平和、坦然的心态。

精神升华与敢于担当

习总书记指出，敢于担当，是领导干部基本的政治品格和素质要求。如果只想当官，不想担当，不仅是对党和人民事业不负责任的态度，而且这个官也是很难当好的。只有对责任使命、艰难困苦多些担当，把自己逼到极致，才能激发生命的巨大潜能。作为一名党员领导干部，精神升华最集中的体现就在于使命担当、社会担当和人性担当。

所谓使命担当，就是对自己的事业和从事的工作始终保持一种高度负责的态度，就是敬业、勤业、精业。我是一名军人，使命担当就是履行好维护国家安全和社会稳定、保障人民安居乐业的神圣职责。作为领导干部，工作中难免会遇到一些让人头痛、处理起来十分棘手的难题。敢不敢担当、能不能破解，便是一道道摆在我们面前绕不过去的考题。在面对和处理棘手问题时，领导干部需要的不仅仅是方法，更需要一股子豁出去的责任担当与勇气。我始终认为，共产党人就是要不怕"鬼"、不信邪，正气站起来，邪气才能压下去。事实证明，只要一心为公家、为大家，最终都能得到群众的理解、支持和拥护。

所谓社会担当，就是要承担起自己的社会责任，始终为社会传递正能量。作为党员干部，肩膀一定要硬。如果每一个人都能多一份社会担当，我们身边的正能量就会多一点，不和谐的现象就会少一点，清风正气就会多一点，歪门邪道就会少一点。30多年来，我已经记不清讲了多少次党课，作了多少场报告，只要有人邀请，没有特殊情况，我都从不推辞。我的自传《左手礼》还获得了国家传记文学一等奖，被多次再版，为部队和社会传递了正能量。

所谓人性担当，就是要最大限度地去彰显和弘扬人性中最真、最善、最美的一面。人的社会性特征决定所有人的社会行为都是基于物质和精神的平衡，关键是受哪种力量的牵引和朝什么方向推进。作为社会成员，每个人都应该有弘扬真善美的人性担当，尤其是党员领导干部，更应该带好头、当样板、作表率，努力成为弘扬人性光辉的宣传者、实践者和推动者。践行社会主义核心价值观，不只是理论问题，更是实践问题。人性的担当，不仅能让我们积攒起人生丰厚的精神财富，更能建立起长久的、发乎心底的快乐和幸福。

精神坚守与内在定力

当前，意识形态领域斗争尖锐复杂，如果我们失去理性的价值标准，缺乏核心价值观的引领，就难免会滋生出许多负面思想。战场上的生死考验虽然很残酷，但和平环境下，我们面对的各种诱惑和考验，有时比战场上的生死考验还要严峻、复杂、现实。只有坚持用社会主义核心价值观不断升级灵魂的"杀毒软件"，才能有效地增强内在定力，才能真正地守住精神高地，建设精神家园。

要坚守住精神高地，就必须在权力诱惑面前不忘乎所以。权力是把"双刃剑"，用好了能为民服务，用不好就会害人害己。当领导干部，特别是手中有一定权力时，在用权上一定要头脑清醒，慎之又慎，因为破一次规矩就会留下一个污点，搞一次特殊就会丧失一分威信，谋一次私利就会失去一片民心。党的十八大以来，已有40多位省部级官员相继落马。透视这些人的教训，轨迹的起点都是内在定力不足，没有守住自己的精神高地。

要坚守住精神高地，就必须在金钱诱惑面前不利令智昏。当好领导干部很重要的有两条：一要牢记肩负的重大责任，在危难困苦面前能勇挑重担、敢于负责、身先士卒；二是牢记权力姓公不姓私，在物质利益上要公而忘私、先公后私、先人后己，不与他人争利，不占公家便宜。我时常提醒自己，在金钱的诱惑面前，必须有"理性的缓冲"，抉择不是出于欲望的本能，而是尽可能基于使命责任的理性判断。在腐败面前，一旦思想被撕开口子，哪怕是一个很小的口子，都可能导致全线崩溃，后果不堪设想。战场上我是抓俘虏的，诱惑面前绝不能当了金钱的俘虏！

要坚守住精神高地，就必须在人情诱惑面前不丧失原则。中国是一个人情社会，无论是领导干部，还是普通群众，都离不开人情、亲情、友情。如果把握得好，它会成为我们人生不可或缺的滋养和资源。否则，它又很可能会成为我们前进道路上的包袱。作为党的领导干部，我们的职位、权力、荣誉都是党和人民赋予的。当领导，就必须在人情干扰面前始终保持一份理性和清醒，能够拒绝那些看似入情入理，实则违背原则的事情。我对亲人是这样，对身边的工作人员也是如此。我经常提醒他们："我给不了你们什么特殊的利益，能给你们的就是做人做事的道理，要养正气、行正道、干正事！"

只要从自身做起、从小事做起、从现在做起，知行合一，社会主义核心价值观就必将成为我们心灵的罗盘和前行的航标，中国梦、强军梦、我的梦，就一定会梦想成真！

（光明网记者　蒋正翔整理）

价值认知关键在于人心

扫码查看视频实录

时　　间：2014年9月3日

地　　点：国家图书馆

嘉　　宾：王蒙

嘉宾介绍：王蒙，现任中央文史研究馆馆员。祖籍河北省南皮县，1934年10月15日生于北京。中国当代作家、学者，著有《青春万岁》《组织部来了个年轻人》《活动变人形》《这边风景》等多部小说以及评论、诗歌、散文，作品反映了当代中国人的风风雨雨与精神历程。他乐观向上、激情充沛，成为当代文坛上创作最为丰硕、始终保持创作活力的作家之一。曾担任文化部部长、党组书记、全国政协文史和学习委员会主任、中国作协副主席，曾任中共第十二届、十三届中央委员，第八、九、十届全国政协常委。

精彩观点：

★ 孔子认为人最应该忧虑的是世道人心。想不到，孔夫子在2500年前说出来的这些话，也仍然适用于现在。

★ 要想把核心价值观倡导好、讲述好、讨论好、学习好、践行好，就得想办法去探索人心，发掘人心，优化人心。

★ 中华文化是一个富矿，从中能够开垦出更多资源，能够丰富人们对于社会主义核心价值观的认识和体悟。

非常高兴有机会来讨论社会主义核心价值观的话题。我认为，核心价值观的提出具有特别的意义，这一点毋庸置疑。我们国家自改革开放以来，生产力不断发展，生活方式不断变化，人民生活水平日益提高，可以说中国正在日新月异地前进。在这种面貌一新、前景看好的同时，也出现了一些纠结和新的问题，一些令人感到忧心忡忡的事情。譬如干部作风问题尤其是贪污腐败，社会上一些冲击道德底线的事件，也包括一些日常生活中出现的道德问题，以致我们的传媒竟然需要不断讨论：如果碰到一个老人摔倒在地上，应不应该把他扶起来？未免有点骇人听闻了。

这当然让人感到忧心，它使我想起了孔子的一句名言："德之不修，学之不讲，闻义不能徙，不善不能改，是吾忧也。"意思是不注重自己的道德修养，不讲究学习，听到正义之事不去实践，知道不对的地方也不去改，这是我所担忧的。

这是一种什么忧虑呢？用一个传统的词讲，是一种对世道人心的忧虑。生活中我们有很多忧虑，比如说蜗居带来忧虑，婚姻引起忧虑，环境污染也是忧虑……但是除了这些忧虑以外，孔子认为人最应该忧虑的是什么呢？是世道人心。想不到，孔夫子在2500年前说出来的这些话，也仍然适用于现在——我们今天仍然有这个问题。即使我们的生活水平在提高，生产力在发展，改革开放在往前进行，但是世道人心如果老是出现问题的话，不可能不让我们忧心忡忡。

在这种情况之下，党中央高度重视当今的世道人心问题，高度重视我们的精神生活，高度重视社会主义核心价值观的研讨、宣扬与教育，倡导富强、民主、文明、和谐，倡导自由、平等、公正、法治，倡导爱国、敬业、诚信、友善。这些价值观同我们的关系非常密切，似乎少有疑义与异议。不过，它们能不能使我们对价值的认知更丰富、更充实、更深刻、更心贴心，更富有吸引力、凝聚力与说服力，是目前值得讨论的问题。

从民族文化基因中寻找价值认知

价值观的培育和践行，依据是什么呢？价值观不是想怎么提就怎么提的，好话还有很多，比如谦虚、谨慎、廉洁、孝顺等等。但是，核心价值观的这些提法，并不是单纯地从理论上，或者是从书本典籍里，或者是从国外的说法上得来的，它的根据是历史、文化、生活，是人民，尤其是人心。人心里面本来就有一种价值观念，有对于好坏、善恶、美丑、真伪评判的一杆秤。核心价值应该是从人心当中提炼、挖掘、概括出来，然后又经过社会精英，经过中央，经过许多有志于培育世道人心的人士的研究，能够概括得比较准确，比较合乎实际，能够成为社会的凝聚力，成为中华民族的一个凝聚点、生命线，成为社会认知的一个最大公约数——也就是我们能够以此分清好坏、善恶、美丑、真伪。

所以，要想把核心价值观倡导好、讲述好、讨论好、学习好、践行好，就得想办法去探索人心，发掘人心，优化人心。价值认知要到我们内心和灵魂里面去找，而不是从文件上和书本上，更不是从国外的说法里去找。人心里面价值的积淀和价值的基因，已经成为价值选择的根基，甚至变成了一个本能。几千年来，中国传统文化影响了一代又一代人，对人心的影响潜移默化、陶冶熏染，作用可以说是无法估量的。

要看到人心当中积极的东西和善良的一面，再与现在提倡的核心价值观对接起来，就会大有希望。这些东西离不开传统文化对我们的影响和熏陶，不管我们对传统文化做过多少批评、反省，实际上在人心当中，传统的影响仍然明晰地存在着，我们对自己的民族和传统不能骂倒一切。因此，人心中的积极因素是我们倡导核心价值观的基础，而它来源于中华传统文化，来源于五四时期开始的新文化，还有以井冈山精神、延安精神为代表的革命文化。

今天我着重谈的是传统文化，但是在这里必须要说一点：现在有一种观点，就是一提倡传统文化，就认为中国的传统文化好得不得了，后来新文化运动、革命文化把这么好的传统文化破坏了。这种观点是错误的。我认为今天应该阐述这样一种观点，就是要把中国的传统文化，和"五四"以来以民主、科学、爱国为代表的新文化，和以井冈山精神、延安精神为代表的革命文化，整合而不是对立起来，然后我们的文化才有希望繁荣发展。

从人心中寻找美好、积极的共识

近现代以来，由于我国遇到了前所未有的情况和变局，传统文化也遭受了巨大的挑战和考验。有识之士对于中华传统文化中的某些停滞和封闭以及由此带来的严重问题，做出了严肃、沉痛的反省和批判。国人在吸收世界现代文明的基础上，尤其是在吸收马克思主义的世界观、历史观、价值观的基础上，正在实现着马克思主义的本土化。一方面，我们要吸收全世界各种好的东西，在现代化和全球化的道路上，不管碰到多少问题，都不能停下脚步；另一方面，我们在坚持革命的文化、批判的文化、雄辩的文化的同时，还要发展复兴与创新的文化、渐进与包容的文化、建设性的正能量的文化——也就是说，我们现在提倡建设，更提倡正能量的建设。过去我们在很多政治运动里面都强调"破"字当头，但是今天，包括核心价值观的讨论，我们是"立"字当头，目的不是简单地为了推翻某些东西，而是要在推翻、否定某些东西的同时，寻找最值得珍惜的、大讲特讲的东西，寻找我们人心当中最美好、最积极的东西——我们现在面临着这样的历史使命。

有人说，从鸦片战争以来，中华传统文化屡遭挫折、批判和嘲笑，因此我们的传统文化很悲惨，甚至有些中国人已经忘掉了自己的传统文化。我认为言过其实了，事实情况并非如此。班固在《汉书·艺文志》里面就引用了孔子的话，说："礼失而求诸野"。由于东周的动乱与分裂，孔子说，表面上看周礼已经不存在了，已经失落了很多，但是周礼在四野的老百姓当中并没有流失；也就是说，在广大的老百姓当中，仍然还保留着古道热肠、仁义道德等古老而美好的人际关系文明。中华民族就是这样的，几千年的传统文化，不是说批判一下、骂一下、叹息一下就没了，它不会的。

我们可以举一些例子。以地方戏为例，忠孝节义的思想经常有之，特别是在农村地区，深入人心。戏里面忠奸是分明的；有节操的人和投机分子是分明的；讲正义、讲道德、讲义气和卖友求荣的卑劣小人、奸贼的区别也是分明的。老百姓很讲究这个。中国人认为修身是齐家、治国、平天下的前提，君王与大臣的道德修养是权力正当性的一个重要标志——"为政以德"，这是孔子所倡导的。我们现在讲德才兼备、以德为先，这就是中国的传统文化，这样的干部路线仍然为人民所认同，艰苦奋斗、勤俭持家仍然被人民所肯定，清正廉明、刚正不阿、劝善诫恶仍然被人民所拥戴。感恩图报也是中国的传统，"涓滴之恩，当涌泉相报"，每次看到这句话，我都几乎落泪。清廉的故事就更多了，还有杀身成仁、舍生取义、善有善报、恶有恶报……这些观念都为中国人所喜欢。美德流芳百世，恶行遗臭万年，这就是价值观念的力量。

现在这样的事例仍然很多。我一个老朋友的妻子，兄弟姊妹5个，她是最小的，家里有一个比她大20来岁的大哥。父母临死时嘱咐大哥照顾几个弟弟妹妹，大哥向老人做了保证，然后打工赚钱养家，一直没有结婚，因为没有人愿意跟他带着4个弟弟妹妹过日子。后来弟弟妹妹全都上了大学,有了工作,也成了家。在他本人快60岁的时候,把弟弟妹妹都找来了,说:"我今天找你们来,要告诉你们一件事——我想结婚。"他的弟弟妹妹们立刻就给他跪下了。听到这个故事,我热泪盈眶。用现在的观念,我们或许会说:你对自己太残酷了,成家立业合理合法。但是无论如何,中国人首先都会选择重承诺,尤其是对父母重孝心,对幼弱重爱护。反过来,那些不忠不孝、贪污腐败、卖友求荣、投机取巧、花天酒地、阿谀奉承、两面三刀、假冒伪劣的表现也会被国人所不齿。这样的人、这样的事,我们都能从民间发掘出来。

从传统文化中挖掘精神资源

中华文化是一个富矿,从中能够开垦出更多资源,能够丰富人们对于社会主义核心价值观的认识和体悟。我们可以从儒家的仁政、王道(即政治文明)中加深对富强、民主、文明、和谐的理解;从恕道、礼治以及老庄的学说中加深对自由、平等、公正、法治的理解;从仁的教育、美德的重视中加深对爱国、敬业、诚信、友善的理解与认同。所有这些虽然和现在有所区别,但都有相通之处。

社会发展、变化得这么快,但精神上的资源并没有得到很好的开发,所以出现了世道人心的问题,出现了价值失范与价值歧义。经济发展以后,到底人们是更可爱了,还是渐渐不可爱了?我们无法不面对这样的诘问。这方面我们可以从传统文化中挖掘出很多精神资源。

第一,天下为公,世界大同。古代的中国梦就是大同。"大道之行也,天下为公,选贤与能,讲信修睦……"这是《礼记·礼运》篇里讲的"大同",是中国古代非常高级的中国梦。不仅孔子儒家学说这样讲,道家学说同样也有类似的讲法:"天之道,损有余而补不足;人之道,损不足而益有余。"老子认为,有余的应该稍微往下压一压,要帮助那些弱势的人和群体，这不正是通向社会主义的思想吗？老子的无为而治的理想，客观上带有为被压迫被剥削阶级说话的性质，其实与国家消亡、政党消亡的共产主义理想遥相呼应。天下大同的观念，落实为我们的价值认证，可以成为整个中华民族团结起来的一个重要理念。孙中山先生当年提出来"以建民国，以进大同"，他也把"大同"当作最高的理想。可见，与欧美许多国家不同，中国的知识界比较容易接受共产主义理念，并非偶然。

第二，价值观是一种心性之学。价值在哪里？传统在哪里？在人们心中。我们讲道德、仁义，首先要学着把心治好、培养好、陶冶好、塑造好，让心性充满价值认定，达到高度的自觉和自律，达到慎独的状态，即使是一个人独处，也要用自己所信奉、接受的价值观来行事、选择。如果建立了以仁义为特色的心性，就能从根源上消除荒谬，消除反人类、反社会的种种可能，消除黑暗和愚昧。

从小到大，从内及外，从家庭、孝悌开始，做到忠恕、恭谨、诚信，以仁统领精神走向，用孔子的话就是"吾道一以贯之"，用马克思的话就是"目标始终如一"——一个是从结构上看，仁义道德是核心；一个是从发展上看，对于仁义道德的坚持恒久如此，这都叫做一以贯之，即以一个核心的观念把价值选择和坚守贯穿起来。

当今我们倡导、研讨、发扬核心价值观，成败的关键在于能不能把所提倡的观念与人民心中的好恶臧否、真情实感结合起来。价值观不仅仅是一个讨论的话题，更不能仅仅是一个举手表态的问题，而是一个心性的问题。难道你不追求和谐而是喜好恶斗？难道你不坚守仁义而是选择狠毒？难道你不捍卫自由而是乐于压迫或被压迫？难道你不爱国而是诅咒自己的家园？这种可能性很少。

为了和人心相结合，就要从传统文化中挖掘资源，同时又能够做到像邓小平同志所说的那样："面向世界、面向未来、面向现代化"。我们所寻求的价值，不是自我封闭起来的价值，不是一个浅显的口号，而是带着这些价值和美好的心性向全面小康发展，向改革开放发展，向现代化发展，不是停滞，不是复古，而是开拓与创新。

第三，仁、德、礼、义、廉、耻的治国思想。"为政以德，譬如北辰，居其所而众星拱之。"仁政与礼治的提倡，王道与霸道的区别，对于今天仍然有很大的借鉴意义，正是当下所讲的政治文明。中国过去讲"身正则天下正"，历史上虽然在权力的制衡方面没有一套成功的经验，我们也一直都在讨论怎样能够实行更有效的对权力的监督，但是看中国的历史，道德监督、文化监督仍然存在。不要以为皇帝想干什么就干什么，不是这样的。如果看黄仁宇的《万历十五年》与卜键的《明世宗传》，人们会大为惊奇：皇帝有时候想做一个事儿，底下老臣跪一片，全反对。所以这种文化监督、道德监督是中国政治的一个特色。当然，不能仅有这个，我们还必须以法制、制度的监督为基础。仅仅强调道德，不足以解决我们现实面对的许多问题，但是却有着积极的教育意义。古人说"身正则左右正，左右正则朝廷正，朝廷正则天下正"，就说明我们一直要求执政者能够首先起道德的示范作用，首先有教化的义务，这是中华政治文明的核心主题。今天来说，越是领导干部就越要成为践行核心价值的模范。老子讲"行不言之教"，也就是今天人们所说的"身教胜于言教"。权力要关在法律与制度的笼子里，也要关在道德与文化的笼子里，这样就从"不敢"上升到"不想"了。

传统文化中关于这方面的美好的词句、说法和思想太多了。比如孔子说"不义而富且贵，于我如浮云"，他还认为能够做到"博施于民而能济众"，那就是圣人。这些难道不值得我们学习与自省吗？老子也是最反对贪腐、纵欲，他说"五色令人目盲，五音令人耳聋，五味令人口爽，驰骋畋猎令人心发狂，难得之货令人行妨"。老子还说："我有三宝，持而保之：一曰慈，二曰俭，三曰不敢为天下先。"慈就是爱民，俭就是节俭，"不敢为天下先"是针对当时的特殊情况所言，强调要顺乎民意民情。仁政王道的观念虽然不能完全符合现代社会的需要，但也不能以虚无主义对待，而是要从中挖掘出有积极意义的东西。

第四，中庸之道。中庸之道就是事事恰到好处，准确正常，过犹不及。用现在的语言来说，就是反对极端主义、恐怖主义、分裂主义。

第五，"行有不得，反求诸己"，从我做起。对于公共交通、食品安全、医患关系等方面的问题，有些人往往一提起就大骂一通。但是请问，骂人的人自己做得怎样呢？也许从来没有反思过。孟子说"行有不得，反求诸己"，孔子说"见其过而内自讼"，意思是如果看到什么事做得不好，看到他人的过失，先在自己内心进行思想斗争，告诉自己应该怎么做，不要碰到不好的事就先骂别人。孔子还说"仁远乎哉，我欲仁，斯仁至矣"，"为仁由己，而由乎人哉？"做到做不到是由自己决定的，不是由别人决定的。这个让我联想到法国哲学家萨特，他认为每个人都有自由选择的可能——你选择，你存在，你负责。为什么王阳明提倡"知行合一"，孙中山说"知难行易"呢？知与行，确实有一段距离，但你反求诸己，首先你自己的心性向仁德方面靠拢了，你就有了践行的可能，事物就可以向好的方面发展了。

《论语》中有"唐棣之华，偏其反而。岂不尔思，室是远而"之句。有人以为这是爱情诗，孔子将其解释发挥成思想修养、精神境界方面的诗："未之思也，夫何远之有？"他用唐棣之华——一种美丽的花来比喻美德，认为你自己还没想还没追求，就说那个花远得不得了，其实你要是向往，这个花就在你心中开放了，你就离美德不远了。

冉求对孔子说，我不是不喜欢你说的那些道理，我力气不够，实现不了。孔子回答："力不足者，中道而废。今女画。"意思是，如果力道不足，只实行了一部分，是可以的，可是你压根儿就没做。我的要求你并没有开始做起来，怎么能说力量不够呢？孔子的这些思想特别可贵。

传统文化中有深入人心、深得人心的价值认知。传统文化中爱人、济众、亲民、义理、仁政、温良恭俭让的内容有助于我们实现富强、民主、文明、和谐、自由、平等、公正、法治，也就是中国人理想的政治文明。从传统文化中我们还看到了天下为公、恭谨、礼治、信义、忠恕、己所不欲勿施于人的内容，这些都有助于爱国、敬业、诚信、友善的实现。

但是我们这样做不是复古，不是照搬传统，不是向后看，不是否定五四新文化运动，更不是否定革命文化。我们不能把弘扬传统与面向未来、面向现代化对立起来，要通过发掘传统文化资源，充实、丰富我们对于社会主义核心价值的认知——这本身既是对社会主义核心价值观的丰富，也是对传统文化的创造性发展与转化。

我今天给大家讲的可以归结为四句，每句四个字：人心可用、世道可兴、传统可取、开拓可新。首先要相信人心，相信人民，相信民族，人心当中能挖掘出美好的东西，能和我们的核心价值观对接与吻合，这样我们的世道和社会就会更加兴旺与发达。其次，传统是可取的，其中有许许多多能够感动、教育、说服人们的美好东西。我们的目的不仅仅是重复老话，背三字经，或者是穿汉服，我们并不是向后看，更不是复古，而是对传统文化的精华和缺陷与不足有一个符合现代标准的认知。总之，我们的目的是为了中国特色社会主义道路的成功，为了全面小康的成功，为了我们伟大的民族复兴之路的成功。

（光明网记者 章丽鋆、蒋正翔整理）

传统文化与当代自信

第七场
扫码查看视频实录

时　　间：2014年9月17日
地　　点：广东省珠海市
嘉　　宾：尹韵公
嘉宾介绍：尹韵公，现任中国社会科学院中国特色社会主义理论研究中心主任，国家哲学社会科学研究专家咨询委员会委员。1988年毕业于中国人民大学，获博士学位。1989年1月至1997年10月在国务院研究室工作，历任主任科员、副处长处长、副司长。1997年10月在中国社会科学院新闻与传播所任副所长，党委副书记。享受国务院特殊津贴。

精彩观点：

★ 一个国家发展到一定时候，文化问题肯定会提到议事日程上。

★ 国学救不了中国，这是历史所证明的。如果国学救得了中国，那我们根本就用不着马克思主义。

★ 当代自信应该建立在五千年文化的基础上，但一定要把中国传统文化的优秀部分、精华部分加以改造，使得我们在当代的自信当中把它弘扬和发扬。

今天，我有幸走进这个讲坛。作为一名学者，我想把我平时研究的所思、所得、所想给大家做个汇报，今天给大家汇报的题目是"传统文化与当代自信"。

我想给大家回答这么几个问题。第一，我们今天为什么要讲传统文化。第二，传统文化在我们社会生活中究竟有什么关系。第三，传统文化跟马克思主义有什么样的关系，跟我们的未来有什么关系。

重视传统文化是社会发展必然要求

第一，中国发展到今天，文化的问题已经不可避免地摆到了我们议事日程上来。归纳起来讲，中华民族解决的问题，一个是生存范畴的问题，一个是发展范畴的问题。生存范畴就是解决人吃、穿、住、用和基本的问题，改革开放以后，邓小平时代的主要精力是花在人们的生存范畴，我们所说的小康社会实际上主要就是生存范畴的问题。

现在我们碰到发展范畴问题了。一旦到了发展范畴问题的时候，文化就不可避免地摆在我们的议事日程上。五四运动提出了民主与科学的口号，还有科学救国、教育救国的口号，这些都是对的。但是为什么那么先进的思想，100年都还没有完全解决好？因为实际上这么多年基本上都是解决生存范畴的问题，而民主与科学主要属于发展范畴的问题。不同范畴的问题不可错位，错位了，这个问题根本解决不好。只有先解决好了生存范畴的问题，才能接势解决发展范畴的问题，进而落实好解决生存范畴时提出的一些好思想。今天我们已经要开始重视文化问题，重视传统文化问题，是因为我们已经吃饱了，喝足了，所以文化问题一定要摆到我们的议事日程上。这是从国内来讲。

如果从国际上来讲，一个国家发展到一定时候，文化问题肯定会提到议事日程上，如果摆不到议事日程上，或者说这个国家解决不好它的文化问题，这个民族恐怕也是没有多少希望的。纵观世界强国发展史，大概都是如此。重视文化，是强国保持可持续发展的重大要素。

中国的传统文化有三大特点。第一个特点就是它的独特性。中国传统文化的独特性是指它是在东亚这块地域发展起来的，中国地理条件的独特性使它不太好跟别的文明沟通，使得中华文明的独特性跟其他文明非常不一样。

第二个特点是它的悠久性。在世界文明史上，中华传统文化的悠久性是唯一的。我们从夏商周就已经有有史可载的记录，而且中国的历史学家在古代社会都受到很高的重视，记录得也很精细。所以中国的历史记录在全世界来说连续性最强，也比较完整。

第三个特点是它的包容性。一般讲文化就会涉及到宗教，中国的很多寺庙有一个特征是儒释道三家共奉。中国宗教的包容也是世界上其他宗教很难有的。中国历史上有很多农民起义或农民战争，但几乎从来没有发生过一次宗教战争，这是中华文明和西方文明很大的区别。儒释道三家也争主导权，有时也互相排斥，有时也遵守秩序，但最终还是互相包容了对方，并且相互吸收对方思想。

中华传统文化包容性下面还有一个特点，它非常能吸收改造，这是个了不起的本色。一个民族生命力的长短真正决定因素还是它的文化，如果它的文化生命力长，这个民族的生命力就长，文化的生命力强，这个民族的生命力就强。今天，中华民族经济上已经当了世界第二，但如果我们要保持这个经济上的成就，让它得到可持续性发展，一定得靠文化来支撑，这是所有强盛民族走过的共同道路。所以我们一定要重视文化，重视传统文化，重视我们的核心价值观。这实际上是一种客观的内在要求，也是社会发展的必然要求。当年日本和亚洲"四小虎"起来之后，世界许多思想家开始关注和研究，提出了"儒家文化圈"的重大概念。今天中国崛起后，世界关注和研究也是一种必定动作。

在马克思主义和中国传统文化中找到平衡点

这几年兴起了国学热,很多人提出怀疑,是不是我们不要马克思主义作指导了?是不是马克思主义不行了?或者说马克思主义在中国的命运究竟怎么了?我们必须要清楚,国学救不了中国,这是历史所证明的。如果国学救得了中国,那我们根本就用不着马克思主义。

中国现在所有问题一切逻辑起点和历史起点是1840年鸦片战争,从那时起,中国社会只有一个主题,这就是现代化。我们要怎么实现现代化?中国人开始也很自信,我们有5000年的文化,要什么西学?我们是中学为体,西学为用,学它的技术就可以了,还是要坚持中国老一套。中国的传统文化里面有优秀的部分,但是也有糟粕的部分。问题是在清代晚期,我们坚持的传统文化恰恰不是中国文化优秀的部分,而是糟粕的部分。直到甲午战争以后,我们才真正认识到了究竟哪些可学,哪些不可学,才开始全面认识西方的思想,有选择地重视它了。

从1911—1921年,即辛亥革命到中国共产党成立前这十年时间,可以说是中华民族在精神上最痛苦的十年。为什么?就是它找不到方向,不知道怎么走好下一步。搞共和制搞不下去,复辟也不行,究竟干什么呢?不知道,当时谁也不知道,所以我们这个民族非常痛苦。中国的很多精英,中国的先进知识分子都在思考中华民族的出路在哪里,但都想不出招来。有的人如胡适就说要"打倒孔家店",鲁迅后来也说"拿来主义",无非就是全盘照搬西方。我推测他们的心理可能还是恨铁不成钢,是希望我们民族好,也希望我们国家好,但找根子、找药方,找错了,怪自己命运不好,怪自己的文化不好。实际上是我们没有找到方向,没有找对路子。

在中华民族最痛苦的时候,陈独秀办了《新青年》,他们一心想为中华民族找到精神上的出路。因为中国人缺少思想武器,我们找到方向一定要有思想武器。传统文化就是思想武器，马克思主义也是思想武器，西方思想也是思想武器，但是我们什么样的思想武器适合中国？我们找不到，找不到怎么办？就一个个介绍西方各种思想，《新青年》就干这个事。

马克思主义到中国来以后，十月革命有几个因素可以影响中国，第一，当时俄罗斯跟中国一样是个农民大国；第二，它的工农兵联合政权，体现平等思想，很符合中国的传统文化思想，而且它的理想跟中国传统文化大同思想有契合；第三，西方列强在巴黎和会欺负中华民族，激怒了所有中国人，学生开始怀疑和敌视先生了。从此，中国人逐渐接受了马克思列宁主义。在西方世界的"武器库"当中，我们寻找思想武器，挑三拣四，最后才找到了马克思列宁主义，觉得这个"武器"可能好用，可能对路。

过去，尤其是在文化大革命当中，我们有时候过度解读马克思主义，使有的人产生了误读、误解，我认为是过度政治化的结果。实际上，马克思主义不仅是个政治符号，它还是个学术符号；它不仅是世界观，还是一种方法论。毛主席曾经说过，马克思主义说白了就是两个最基本的核心元素，一个是历史唯物主义，一个是辩证法。这两个是我们找到的最好的思想武器和观察世界的武器，靠这两个观察世界、认识世界的方法，我们才对中国的社会能够认真地进行评价和治理。

实际上毛主席后来也说过一句话，马克思主义之所以来到中国发生这么大的作用，是因为它客观产生了需要，它和中国实际发生了联系，它为广大人民群众所掌握。任何一种思想如果要传播开来，必须有三个条件：第一要有客观需求，第二要和实际相联系，第三要被广大人民群众所掌握。如果这三个条件缺一，那么这个思想肯定成不了气候，即使是马克思列宁主义也起不了作用。

我刚才说国学救不了中国就是这个道理，我们在全世界寻找先进的武器，最后找到了马克思主义，这个武器对我们今天来说仍然有效，所以从邓小平同志到习近平同志，一直强调要坚持马克思主义为指导。这不是一句政治术语，真是中国的客观实际需求。但是我们在传统文化和马克思主义关系上，不能存在抛弃谁，要这个不要那个的问题，而是我们怎么在马克思主义和中国传统文化中找到一个平衡点，就是使马克思主义中国化，怎么和本土文化结合，产生马克思主义中国化。

我们常常说毛泽东思想是马克思主义中国化的产物，是把马克思主义推向前进了。为什么？马克思主义没有意识到中国问题，马克思主义也没有意识到中国改革开放后的中国问题，谁把这个结合起来，谁最后就能把马克思主义推向前进，就是中国的现实才使马克思主义产生强大的动力。马克思主义本身可以用学术眼光解读它，但是它强大的动力、强大的力量源泉还是要靠和现实结合起来。我们继续把马克思主义中国化，马克思主义才会继续发展，这才是一个理论真正强大的动力。

传统文化和当代文化自信紧密结合

传统文化一定要和当代的文化自信结合起来。为什么我说要当代自信呢？实际上这个问题已经摆在中国人面前，而且已经摆在了全世界人的面前，中国当了第二，那全世界都会来看，全世界开始琢磨中国。中国怎么在短时间内做到老二？它怎么做的？它凭哪几条经验？我们自己归纳，是道路自信、制度自信、理论自信，现在应该还要加上文化自信，当然文化自信可以在理论自信的范畴之下。

我们现在有了无比丰富的社会经验和实践，我不妨大胆预言，中国应该在20年、30年之后会出思想大家和学术大家。我们有充分的理论自信、制度自信，有充分的道路自信，但我们还没有对这种自信做出合理的、科学的解释，这正是我们今天所要努力做到的。

在这个过程当中,也不排除我们要向别的国家学习。实际上马克思主义也是来自西方,但中国共产党善于将西方的马克思主义和中国文化结合起来。毛泽东是传统文化的热爱者,习近平总书记也是传统文化的热爱者,他们都善于把传统文化和马克思主义结合起来干中国自己的事情,做中国自己的事业。但是在学习里面,传统文化跟当代自信有哪些关系?比如核心价值观的24个字中,有些就是我们从传统文化里提炼出来的。社会主义核心价值观是不是跟西方一样?可能有些一样,比如平等、爱国、民主、文明,真正细细解读起来可能还是不一样,因为民族的成长过程、民族的生发基因不一样。

当代自信应该建立在五千年文化的基础上,因为这个资源是别的民族无法跟我们相比的,也是我们引以自豪的。但是我们一定要把中国传统文化的优秀部分、精华部分加以改造,使得我们在当代的自信当中把它弘扬和发扬。

我很看好中国的传统文化,特别是现在是全世界开始了汉语热。前两天的报道是,全世界学汉语的人数超过了1亿。英语这个语种运气太好,19世纪基本上是英国主宰世界,20世纪基本上是美国主宰世界,世界各国都愿意学习强国,故而"英语疯狂"。但是,我们不要忽视,18世纪时欧洲大陆最时髦的语种是法语,这一点可以从俄国大作家托尔斯泰的《战争与和平》得到证实,当时沙皇俄国上流社会的时尚是以讲法语为荣,因为法兰西文化在当时领先于世界。我相信,随着中国的强大,中国文化推向世界,将来学汉语的人会越来越多,说不定想"疯狂汉语"不起来都难,那就说明中国真正有了史无前例的国家地位,真正走到了世界民族群林之首。我希望我们国家有这一天,我也希望我们能够看到这一天。

(光明网记者 蒋正翔、章丽鋆整理)

锻造中华民族的精神品格

第八场

扫码查看视频实录

时　　间：2014年11月4日

地　　点：齐齐哈尔大学

嘉　　宾：戴旭

嘉宾介绍：戴旭，中国人民解放军国防大学教授，兰州大学新闻与传播学院客座教授，海洋安全与合作研究院院长。著有《C形包围》《盛世狼烟》等政论文集，《20世纪世界空战》《海图腾》等专著。发表《南海战略万言书》《美国如何操纵新型第五纵队发动颜色革命》《网络时代大国博弈主战样式——信息思想战》等重要论文。近期专注国家政治安全与网络舆论战研究与实践，提出"网络是捍卫国家利益的上甘岭""网络义勇军是新时代的爱国力量"等新观点。

精彩观点：

★ 晚清中国不是被战败的，而是被吓败的。一个大国被小国吓败，这才是真正令中国万世蒙羞的地方！

★ 抗日战争最后取得了伟大胜利，这是整个民族的光荣。但这份光荣却遮不住国民党政府的腐败无能。

★ 国家没有理想，民族没有精神，国民没有信仰，再大的体量也不过是一具僵尸。

2014年是甲午战争失败120周年和抗日战争胜利69周年。中国举行了多种形式的纪念。同时纪念一场败战和一场胜利,这是一个世界奇观。

这是在同一个战争舞台上,与同一个对手,在不同时空进行的两次生死决战。第一个回合,日本胜了,晚清中国被打倒在地;第二个回合,中国绝地反击,日本放下武器,彻底投降。

第一个回合,中国军队装备精良,数量占优,依托后方本土作战,为什么一败涂地?第二个回合,中国处于全面军事劣势,却赢得全面胜利,这又是为什么?

间隔半个世纪的这两个问号里包含着的历史秘密,不仅是解开今日中国诸多现实疑问的锁钥,也是我们能否真正树立道路自信、制度自信、文化自信,进而坚定实现中国梦信心的关键。

甲午战争败在"私"抗日战争胜在"公"

甲午战争是朝廷的战争,败在一个私字,私则弱,弱则败;抗日战争是全民族的战争,胜在一个公字,公则强,强则胜。

反思甲午战争失败的文章汗牛充栋。但我认为晚清中国最根本的败因是在"心"上。晚清中国不是被战败的,而是被吓败的。一个大国被小国吓败,这才是真正令中国万世蒙羞的地方!

甲午战争几乎每一个阶段,从国力和军力等硬指标上看,清朝都有战胜日本的条件。琉球外交事件初起,清朝有先发制人,除患于未然的战略机遇;战争初起,清朝可集中海军主力主动出击直捣长崎,回头兜击日本舰队。陆军守平壤,大军入朝决战全歼日军;第二阶段,日军进攻辽东,清军可坚守大连、旅顺,北洋海军主力尚存,可抄后路,陆海夹击。即使五战尽墨之后,清朝还有坚守北京城,以待勤王之师,聚歼日军于东北、华北之间,同时外交策俄断日后路,或迁都再战的全胜选择。但是，它一次机遇也没有抓住，惶惶奔逃，匆匆认输。

由于日本所提《马关条约》条款过于苛刻，当时朝野多主张拒和、迁都、再战。为什么清政府不敢继续和日本打下去？一是辽东祖宗陵地已在敌手，怕遭羞辱，内心已恐；二是北京经营多年，有着无数的珍宝，怕再遭蹂躏；三是经历太平天国"誓杀清妖"，清廷对深入汉地心有余悸，迁都怕生不测。都是心病！权衡再三，赔款割地，负担是全国人的；迁都再战，损失的却是朝廷自己的珍宝，甚至有可能是朝廷本身。于是同意接受强盗的勒索！

此时的李鸿章，在大办洋务中发了大财，留美的洋务要员容闳说李"绝命时有私产四千万两以遗子孙"，其中相当数量的银子还存在"日本茶山煤矿公司"，他害怕继续与日本开战，自己的劣迹被揭露，于是不顾当时朝议和千秋骂名，上下其手，力排众议签下合约。李鸿章就是晚清统治阶层的缩影，它身上折射着的就是王朝颓废的死光。

在反思甲午战败的文章中，有关于北洋舰队装备落后，没有速射炮等说法。这个理由即使成立，也只能为甲午战争中黄海一战的不分胜负做解释。可是，另外四场陆地战役惨败怎么回事？

由六十余座炮台要塞群构成的旅顺口和大连湾防御体系，因地势险要，火力强大，被称为东方直布罗陀。即使清军在所有的地方都战败，它也应该在这里赢得一场绝对的胜利。

但是，清军总共只打出2发炮弹。主将早就弃阵而逃，士兵也都弃枪而散！一百多门崭新的克虏伯大炮、二百多万发炮弹、三千多万发子弹全部成为日军不战而胜的战利品和进攻中国的利器！

甲午战争后，列强掀起瓜分中国狂潮，而清朝内部也迅速分化，各行其是：王朝建新陆军以苟延残喘；改革者欲抛弃老政府重组新内阁；革命者想彻底掀翻体制；农民搞义和团扶清灭洋；一批知识分子成为带路党，搞报纸、刊物等新媒体，抨击时政，宣传革命。大清国意识形态一片混乱，喧嚣中新军拿起枪来，轻而易举地结果了清朝性命。

封建统治阶层的颓废，最直接的表现就是在精神上不思进取，生活上骄奢淫逸，贪贿无度，外交上奴颜媚骨，军事上懦弱退让，不敢主动出击，全力迎击。由此带来民风败坏，社会整体堕落。

1901年光绪在诏书中说："我中国之弱，在于习气太深，文法太密。庸俗之吏多，豪杰人士少……公事以文牍来往，而毫无实际。人才以资格相限制，而日见消磨。误国家者在一私字，困天下者在一利字"。这个"私"字和"利"字的含义就是腐败。政府和军事指挥者各怀私心，不可能总是掩耳盗铃地让一线官兵同仇敌忾。官兵私心一生，于是军心瓦解，一败涂地。

这是一种中国病——其根本原因是"统治阶层的颓废"，在中国古老政治肌体上引起的综合并发症：政治的、经济的、军事的、文化的混沌、失衡、无措、衰朽——我称之为"政治植物人综合征"，病症如"眼"科：视野短浅，目光狭窄；"心""脑"科：思维陈旧，苟且偷安；"精神"科：没有核心价值观，萎靡不振，畏敌如虎；肢体部分如官僚病：自私自利，腐败无度；文人病：文弱无耻，空谈漫议；军人病：贪污浪费，惜死顾身。其他还有如富贵病——贪图安逸享乐的生活；社会病——全民腐败堕落等。

力由心生。心已败，何来力？

边界冲突军事失利，晚清只求战事早日结束，甲午战役就此变成甲午战争。签下《马关条约》，晚清以为日本心满意足，日本却由此生发灭华之心。

抗日战争就是甲午战争的继续。

令人扼腕的是，抗日战争开始的时候，中国政府和民众的整体精神状态居然和甲午年一般无二。

1931年,日本关东军密谋"九一八"事变。对此早有觉察的张学良却电令其部下"此时与日本开战,我方必败,败则日本将要求割地赔款,东北万劫不复,宜力避冲突,以公理相周旋。"

蒋介石对当时中国人精神状态的评价是:"浑浑噩噩,毫无生气。在行动中表现为好歹不识、是非不辨、公私不分。由此,我们的官员虚假伪善,贪婪腐败;我们的人民斗志涣散,对国家福利漠不关心;我们的青年颓废堕落,不负责任……使我们在天灾和外敌入侵面前束手无策,无能为力。"

冯玉祥在《我所认识的蒋介石》一书中回忆:蒋在"九一八"事变后说:"炮不如人,教育训练不如人,机器不如人,工厂不如人,拿什么和日本打仗呢?若抵抗日本,顶多三天就亡国了。"

领袖如此,国家如此,哪有军心士气?抗战中国民党军队有一百多万带枪投敌,堪称世界笑话。其主力全部龟缩在西南深山密林中。二战结束前一年,美国和苏联军队高歌猛进,法西斯在全球战场都呈现颓势。而日军居然还在中国发起了大规模进攻作战,数百万国民党军没有打赢一场像样的战役。美国由此失望,只好请苏联出兵。这直接导致战后中国利益受损。中国军队居然不能在东北地区和朝鲜半岛受降,而这又为后来朝鲜战争爆发埋下隐患!

甲午战前,晚清对琉球不敢保;二战胜后,蒋介石对琉球不敢要。这又为今天东海争端埋下隐患。

前人栽树后人乘凉,前人窝囊,后人遭殃!这个悲惨的结果,后来成为新中国和人民军队威武雄壮的背景,成为中华民族精神之光闪耀的黑色幕墙。

抗日战争最后取得了伟大胜利,这是整个民族的光荣。但这份光荣却遮不住国民党政府的腐败无能。所以，后来国民党在拥有那么大军事优势的情况下，被中国共产党军队的小米加步枪如风卷残云一样横扫，其实就是人民抛弃了它！中国人民已经受够了腐败、懦弱、无耻、无能的政府，人民需要新中国！

中国共产党是中华民族新精神的焕发者

抗日战争之所以能胜，是因为此时中国这头睡狮已开始醒来了。国民党军队在正面战场退却的同时，中国共产党领导的武装却在向敌占区大踏步挺进！国统区虽然乌烟瘴气，但解放区的天是明朗的天！是谁把中华民族唤醒的？

让我们听一首老歌：黄河之滨，集合着一群中华民族优秀的子孙。人类解放，救国的责任，全靠我们自己来担承……唱这支歌的，是刚刚爬雪山、过草地，九死一生后到达西北高原，脱下红军服，换上八路军军装的那批人，那是中国共产党的队伍。

美国前作家协会主席索尔兹伯里，几十年后重访长征路，仍然被当年的壮举所震撼。他动情地说："长征将成为人类坚定无畏的丰碑，永远流传于世。阅读长征的故事将使人们再次认识到，人类的精神一旦唤起，其威力是无穷无尽的……它所表现的英雄主义精神激励着一个有十一亿人口的民族，使中国朝着一个无人能够预言的未来前进。"

"人类解放，救国的责任"，有这样的胸怀，正是中国共产党人与众不同的品质。中国共产党人首先是爱国主义者，但还是正义的国际主义和人类主义者！这就是我们的信仰！

长征正是中国共产党、中国人民军队和新中国灵魂的真实写照。我们的一切胜利，都可以在信仰和精神这里找到源头，未来中国和中华民族发展和强盛的密钥，也深藏在这里！

齐齐哈尔有个烈士叫史履升，临刑前对难友说："中国人民是杀不完的。请你们相信我的话，祖国不久就要胜利的，革命就要成功了，你们要好好地活着，将来为祖国工作呀！"他绝命诗中有这样一句：今生余去也，中华万万年！这是千千万万中国共产党人在那个年代的写照。在他们的心底，都有一个民族复兴的中国梦。

在那样的时代，中国共产党及其领导的军队，是中华民族优秀分子的集成，是中华民族精神不灭的象征。有这样精神情怀的人，还有什么样的敌人不能战胜？

抗战胜利五年后，中国共产党领导下的军队在清朝军队曾经屈辱失败的朝鲜战场上演出了一场波澜壮阔、惊天动地的活剧。

那是新中国第一批远征军书写的。他们不仅续写了中国历史的光辉篇章，还创造了世界战争史上的奇迹。毫不夸张地说，在以弱敌强的战争中，从来没有一个国家的军队，创造过如中国军队在朝鲜战场那样的辉煌。以前没有，以后也不会再有了。为什么？我举两个例子。

上甘岭战役。美集团军司令范佛里特原计划只用两个营的兵力、5天时间、伤亡200人便拿下上甘岭。然而，此战却打了43天，向两个小山头倾泻了190万发炮弹和5000枚巨型航弹，火力密度闻所未闻。整体山头被削低半米。美军对坑道进行封锁、轰炸、爆破、焚烧、堵塞，投掷毒气弹、硫黄弹。坑道里缺粮、缺弹、缺药、缺氧、缺水，志愿军战士全靠顽强的意志在坚持。"联合国军"动用了六万余人，伤亡了两万余人，仍未拿下。

第十五军《抗美援朝战争史》这样描述："上甘岭战役中，危急时刻拉响手雷、手榴弹、爆破筒、炸药包与敌人同归于尽，舍身炸敌地堡，堵敌枪眼等，成为普遍现象。"

一句"普遍现象"，足以泣鬼神！可以说，这样一支中国军队的形象,与鸦片战争、甲午战争中的中国军队,已不可同日而语。为什么同一个种族仅仅经过半个世纪就完全脱胎换骨?是中国共产党为中华民族注入的理想和信念,新中国领导人以汉唐尚武之风,将倍受列强凌辱的"东亚病夫"塑造成一个个、一群群英武战士,让新中国军人有了完全不同的精神构成,才使得他们经受住了炼狱般的铁火锻造。他们凭借"硬气功"以肉体击碎了钢铁,用手榴弹战胜了原子弹。

拿破仑说,剑总是对精神俯首称臣的。1954年也是甲午年。朝鲜战争因此也可以视作第二次甲午战争。新中国军队以"谜一样的东方精神",在国门外重新赢回了失落百年的尊严。抗美援朝战争,是中华民族收复百年来精神失地的一战。

上甘岭战役是整个抗美援朝战争的缩影。志愿军在朝鲜战场构筑的大小坑道总长1250多公里,挖堑壕和交通壕6250公里,比中国的万里长城还要长,开挖土石方6000万立方米,如以一立方米的体积纵向排列,可环绕地球一周半,而这些数字,不是用现代化的工具,而是在炮火连天的战场上,仅仅凭借人工,在坚硬的山石中开掘出来的。这是上甘岭战役背后的奇迹。

在被美国称为"最寒冷的冬天"的长津湖战役中,有一个中国连队奉命穿插截击美海军陆战队一师。官兵远程奔袭,进入1081高地战位。顿时意识到身下是刺骨的冰雪,身上是湿透的单衣,零下三四十度的严寒和狂风之下,没有一个人动。大家都目视着前方。中国军队追击着美军,而美军却安然走过中国志愿军预设的阻击阵地,一枪未响。后面的中国军队不知道什么原因,而走过这片高地的美军,此刻也被眼前的一幕惊得目瞪口呆:一百多中国军人都举着枪,枪口指向下面的道路,那是陆战队正在经过的地方。他们没有开枪。越来越多的美国军人走到他们身边,他们还是没有开枪。冰雪已经在他们的脸上凝成霜刺,单衣上已经结满厚厚的冰凌。他们每个人都圆睁着双眼，注视着准星。他们全部呈作战姿势，冻死在阵地上！人、枪、阵地，组成一座静谧的冰雕。

什么样的美术能够描绘出这样的作品？什么样的音乐可以表现这样寂静的轰鸣？

美国军人向他们敬完军礼后走了。他们没有被拦截。但他们知道，以后等待着他们的是什么。

这是朝鲜战争刚开始时的一幕。而上甘岭是朝鲜战争结束时的一幕。

时下的人们不是流行穿越吗？现在，让我们穿越一下：如果是新中国的军队来打甲午战争，结果会是什么样？如果中国共产党有国民党那样的条件，抗日战争的结果又会是什么样？

秦基伟说：上甘岭战役"既是敌我双方军力的较量，又是两种世界观、两种价值观、两种思想体系的较量。"抗美援朝胜利了。战争的胜利让世界对中国重新充满敬畏：素来倔强的日本，正是在朝鲜战争之后，才真正相信中国真的站起来了，而海外中华赤子、各界精英，正是因为新中国的强悍雄壮，一扫百年孱弱病夫形象而心生自豪，所以放弃优越的国外生活，百川归海般融入祖国；各族人民意气风发，共同开创了一个梦幻般的理想主义时代。

由于这种自信的激励，中国人几乎在一切领域挑战"不可能"：他们大胆尝试这个世界上从来没有存在过的制度，他们打破封锁，尽最大可能实现开放，在自力更生的基础上借助外援努力实现工业化……他们爬冰卧雪，在大庆、在克拉玛依，几乎是用手指抠出石油；他们在高耸入云的崇山峻岭，仅凭着人力和手工，居然凌空打造出"红旗渠"；他们在一穷二白的废墟上造出"两弹一星"，核潜艇……他们有过悲壮的挫折，但也创造了这个民族经济、政治和文化、军事、科技领域惊世骇俗的空前成就。

如果说今天的中国是一座高入云霄的大厦，那么，支撑这座大厦的第一根柱桩，是以上甘岭的中国军人们为代表的那一代中国人，用他们的血肉之躯和百折不挠的意志打下的！

从长征到抗美援朝到两弹一星，到大庆油田到红旗渠，贯穿于新中国历史中的民族精神，都是一样的爱国主义和英雄主义旋律的和鸣！

19世纪和20世纪上半叶，关于中国的历史几乎都是黑色的，就是从毛泽东和他率领的中国共产党登上历史舞台后，中国历史才有了起色和后来的波澜壮阔。晚清时期有太平天国运动、义和团运动；民国时期有辛亥革命和无数的战争，各领风骚的人物多如牛毛，但是，能够提出一种完整的政治、军事、经济、文化体系，并用之于实践摧毁并取代旧制度，给中国带来彻底解放的只有毛泽东、中国共产党和人民军队，推翻三座大山彻底结束了自鸦片战争以来列强一百多年欺凌中国的乱局。开创了没有吸毒、性病、赌博、黑帮、腐败等丑恶现象，各族人民亲如兄弟、昂扬向上、路不拾遗的新时代。在建立、建设新中国的过程中，毛泽东和他那一代共产党人，以一种崭新的文化塑造出焕然一新的中华民族。中国共产党领导人民创立新中国的历史，不仅仅是一部中国现代政治革命史，更是中华民族从沉沦中奋起、在血火中新生的一部惊天动地的心灵史。

打赢新战争：我们如何"肩负起历史重任"

习主席在纪念抗战胜利大会上说：历史无法重来，未来可以开创。呼吁全党全军全国各族人民，海内外所有中华儿女，更加紧密地团结起来，肩负起历史重任，以中华民族伟大复兴不断前行的新成就，告慰为中国人民抗日战争和世界反法西斯战争献出生命的先烈。

在其他的一些场合，习主席多次说：今天比历史上任何时候都更接近民族复兴，同时也是各种阻力最大的时候。

在这样一个重要的时代关头，我们如何"肩负起历史重任"？

在我进行着今天报告的时候，香港的占中闹剧还没有结束。这是颜色革命的预演。在此之前，已经有乌克兰在内部动乱中山河破碎。再往前看，埃及、突尼斯、利比亚、格鲁吉亚、吉尔吉斯、南联盟……东欧列国和苏联，等等，世界政治的停尸房里，是一大片社会主义国家的冰冷的尸体。

这是战争！新形态的战争！而中国依然面临着巨大的威胁！

二战后，美国国家战略已经根据时代的最新特点，从军事帝国主义转向经济帝国主义和文化帝国主义；在对苏冷战胜利之后，又在中东进行了文化帝国主义和军事帝国主义配合使用的实验。现在，美国将这三种帝国主义战略同时用于对中国的立体夹击。也就是说，今日中国不仅面临着五维一体的物理空间的威胁，还面临着超物理空间的社会和心理空间的全方位合击。对此，只从纯军事的层面强调国防意识已经远远不能适应新的安全现实。

美国著名政治学者亨廷顿说："对一个传统社会的稳定来说，构成主要威胁的，并非来自外国军队的侵略，而是来自外国观念的侵入，印刷品和言论比军队和坦克推进得更快、更深入。"这既是美国现代战略经验的总结，又是对美国未来一个时期全球战略特别是对华战略特点的描述。

联想到二十年前拥有几万枚核弹头和近400万大军的苏军，被无影无形却无处不在的信息思想战彻底侵蚀、肢解的场景，联想到不久前被"推特"轻易推倒的东欧、中东、中亚各国，国家倾覆始于思想瓦解，网络时代"政权一夜垮台"的事实，让人不寒而栗。

美国对中国是怎么想的？原驻华大使洪博培2012年在总统竞选演讲

中自信地说："我们应该联合我们的盟友和中国国内的支持者，他们是被称为互联网一代的年轻人。中国有5亿互联网用户，8000万博主。他们将带来变化，类似的变化将扳倒中国。"

黯淡了刀光剑影的新战争一样致命，只是手段更隐蔽而已。他们派出各种"青年导师"和"战略误导师"，给他们披上学者或经济学家、企业家的隐身衣，一边按照其文化战略，大规模俘虏中国的人心，一边进入中国高层智囊机构，诱导中国向低技术和被经济殖民化的方向发展，试图让中国整体性地进入他们主导的国际体系之中。利用其资本把持的门户网站，发动以颠覆新中国历史和毁灭共产党理论基础的意识形态战，夜以继日的抹黑新中国领导人，解构、丑化中国革命，同时还以各种手段推进包含重大战略意图的宗教"爆炸性发展"。美国战略东移，日本集体自卫权解禁，看起来似乎是在和中国比经济，比军备，明修栈道的同时，还暗度陈仓，与中国争人心，争青年，争未来，比时间！

应对新战争，需要新技术，更需要新思维。国防的界线早已被突破，战争已经超越军队和军事层面，省略肉体血战阶段，直取对方人心意志。

在新的网络舆论战场上，目前的形势非常不乐观：正如阿里巴巴上市预示着中国正失去网络时代经济和金融制高点一样，外资控制的门户网站在中国意识形态领域兴风作浪，某种意义上也为我们敲响了网络时代的舆论警钟。今天党和国家部门相对牢固控制着的出版社、报刊，从技术上说是百年前机械化时代的产物，电视台是50年前电子时代的产物；而网络媒体属于当前最新信息网络技术的产物。用纸面媒体、电视、电台对决网络媒体，犹如用大刀弓箭和机枪，对抗飞机坦克。双方的"武器"和作战体系存在着巨大的"代差"。如微博、QQ、微信等大众普遍使用的信息沟通方式都是外资控股的商业社交网站所发明，我们整体上处于被动防御、防不胜防的状态。

但技术上的差距还不是最可怕的。中华人民共和国的地理版图正在受到挑战,但更大的挑战,是我们国家的文化版图和中国共产党的政治版图受到的挑战。

美国《时代》周刊驻北京记者站前站长、驻耶路撒冷办事处前主管的大卫·艾克曼,2003年出版了一本书叫《耶稣在北京——基督教如何改造中国以及改变全球的势力均衡》,主张西方应用基督教驯服中国,并预测"今后30年内中国可能有三分之一的人口成为基督徒,由此成为全世界最大的基督国家之一"。

还有多少人信仰其他宗教和西方政治理论?当年,跟在中国共产党身后的是全国人民,现在我们应该回过头看一看。至少,我们应该知道入了基督教和其他宗教以及思想上已经进入西方阵营的那些人,有多少曾经是在我们的队伍中。他们为什么走?习主席前几天在古田全军政治工作会议上语重心长也是意味深长地要求大家深入思考我们当初是从哪里出发的、为什么出发的,接受思想洗礼,以利于更好前进。

意大利政治哲学家马基雅维利说:"造就最强大国家的首要条件不在于造枪炮,而在于能够造就其国民的坚定信仰"。

国家没有理想,民族没有精神,国民没有信仰,再大的体量也不过是一具僵尸。

由于网络把世界事实上组织在一起,世界不同政治制度,不同文化和政治理念,不同价值观念对某一个国家传统意识形态的冲击,已远远大于对于一个国家领土、领空、领海的直接武力威胁。换言之,政治安全,远比一般性国防安全面临的威胁和挑战更严峻、更致命。因此,加强"心防",就成为第一要务。习主席指出,要强化互联网思维,要建立强大的网军。党、军队和国家文宣部门,从来没有像现在这样,需要思维融合、体制融合、任务融合。因为,共同的职责已经在新时代融合得难解难分。

网络已成为捍卫国家和民族利益的新的上甘岭。面对这一前所未有的挑战，我们都要思考并行动起来。从国家层面上，要夺回、占领思想文化和舆论阵地，认真、严肃地清理那些"吃共产党饭，砸共产党锅"的人，特别是在高校、学术研究机构和各类媒体领域。各职能部门，要站在党、国家和民族生死存亡的高度，共同研讨应对这种民族性新战争。同时，将中国共产党的最新理论成果要通俗化、平民化，使曾经鼓舞了几代人的那种信仰重新复活，并根植于人民之中。

每一代人都有自己的时代使命。甲午一代、抗战一代、建国一代、改革开放的一代，像接力棒一样，把民族复兴的伟大使命传递到我们的手上。我们责无旁贷，只有竭尽心力，打赢新时代的"心"战争，为先辈们的中国梦守灵，为今天的中国梦护航，为后人的中国梦守望！

（光明网记者 蒋正翔、章丽鋆整理）

法治与核心价值观的关系

第九场
扫码查看视频实录

时　　间：2014年11月21日
地　　点：四川省自贡市荣县
嘉　　宾：胡锦光
嘉宾介绍：胡锦光，现任中国人民大学法学院副院长、公共政策研究院副院长、国家重点学科—中国人民大学宪政与行政法治研究中心主任。兼任中国宪法学研究会副会长，北京市法学会宪法学研究会副会长。曾于1996年获"首届青年法学家提名奖"；2008年获北京市教学名师和百名法学家百场法学讲座"最佳宣讲奖"；2011年获全国百篇优秀博士论文指导教师称号和宝钢优秀教师奖。

精彩观点：

★ 只有以宪法为核心，形成统一的宪法秩序，才能实现社会核心价值观所描述的生活。

★ 宪法和法律的实施就是弘扬核心价值观，不实施宪法和法律，核心价值观就得不到彰显，就无法在民众心中生根发芽。

★ 核心价值观本质上是老百姓自己的生活追求，中国共产党不过是代表民众将这种生活诉求表达出来而已，绝不是强加给人民。

今天的中国为什么会选择"法治"作为核心价值观之一？《中共中央关于全面推进依法治国若干重大问题的决定》为什么要采取众多举措来推进法治？我想从以下六个方面来谈一谈自己的理解。

传统管理的弊端

经过改革开放30多年的发展，中国社会发生了翻天覆地的变化，取得了举世瞩目的成就。但我们在管理思维和方式上并没有发生根本性变化，处理问题通常还是四种方法：行政手段表现为命令，法律手段是依法作出决定，经济手段主要是补偿，强制手段是关押。四种方法从实践来看都不是非常有效。

今天的中国社会主要存在六个问题：第一是公权力滥用，有三大表现——贪污受贿、以权谋私；大肆举办劳民伤财的活动；不作为，不履行法定职责。第二是核心价值观缺失。第三是公平理念没有充分实现。很多领域存在不公平制度，缺乏上升通道和机会公平，"拼爹""拼关系"现象严重存在。第四是社会诚信体系缺乏。官员本来应该是社会诚信的表率，但很多官员台上一套台下一套，带头破坏社会诚信。第五是贫富差距。城乡之间，城市不同阶层、不同行业之间，东西部之间，贫富差距非常大。第六是个人权利没有充分保障，尤其是对私有财产没有安全感，人心容易处于不安全状态。

上述问题主要是公权力滥用造成的，没能把权力关进制度的笼子里，其根本原因就是宪法和法律没有权威。要解决中国社会的上述问题，就必须加强法治，把法治确立为社会必须捍卫的核心价值观。

利益多元化与法治

只要利益多元存在，矛盾就永远高发突发，关键在于能否找到妥善调整多元利益的机制。我认为，只有用宪法和法律这个机制才能妥善调整多元利益关系。我们确定权利是否合法需要依法确定，利益之间的关系需要法律来确定，利益表达需要按照法律渠道，利益之间的矛盾和冲突也必须依法解决。

如何让法律发挥上述作用？首先要保证司法独立。四中全会《决定》有三方面措施：保证司法独立，增强司法权威，加强人权司法保障。

国家治理规则与法治

任何社会都必须有秩序，而秩序的形成和维持必须依赖规则。今天社会的一个很大问题就是规则不统一、不稳定。

当前，国家治理规则呈现"双轨制"，除了宪法、法律这条规则外，还有一套规则，就是重要报告、红头文件、重要讲话、重要批示等。两套规则之间经常出现不一致的情况。四中全会在国家治理、社会治理上致力于两件事：第一，两套规则并成一套规则；第二，在这一套规则里面要以宪法为核心。

为什么要以宪法为核心？有四个原因：宪法是国家的根本法，是社会的最高规则；从政治上说，宪法是不同利益的平衡器；从效力上看，宪法具有最高法律效力；从公民角度来看，宪法是公民的根本活动准则。只有以宪法为核心，形成统一的宪法秩序，才能实现社会核心价值观所描述的生活。

宪法能成为核心，关键是要有违宪审查制度。我们怕老虎是因为老虎有牙齿，恶法怕宪法也是因为宪法有"牙齿"——违宪审查。我们目前虽然有一部宪法，在纸上有违宪审查制度，但是这个制度不具实效性，四中全会《决定》就是想给宪法装上一副"牙齿"。

四中全会《决定》有两个宪法实施举措：第一是把法制宣传日改为宪法日，第二是建立宪法宣誓制度。

核心价值观与法治

作为社会核心价值观之一，法治与其他核心价值观之间有密切的关系，没有法治，其他核心价值观确立不起来。

为什么这么说？首先，核心价值观是改革开放30多年来中国社会发展进步的产物。其次，核心价值观不是空穴来风，具有坚实的社会基础。核心价值观本质上是老百姓自己的生活追求，中国共产党不过是代表民众将这种生活诉求表达出来而已，绝不是强加给人民。最后，核心价值观首先在宪法里，然后由法律把宪法确认的核心价值观具体化。宪法和法律的实施就是弘扬核心价值观，不实施宪法和法律，核心价值观就得不到彰显，就无法在民众心中生根发芽。

公权力与法治

把法治作为核心价值观，与公权力有很大关系。法治对国家权力有三个功能：第一是赋权，保证权力的正当性和合法性；第二是保权，即维持秩序，提供必要的公共产品和公共服务；第三是限权，表面上是限制权力，实际上是保障权力有效运行。

公权力是把"双刃剑"，既是保障人权的最有效力量，同时也是侵犯人权的最大祸害。公权力滥用是中国社会的主要问题，而宪法和法律没有权威是社会的根本问题。因此，需要一个专门的《决定》来强化宪法、法律的权威，解决中国社会的根本问题。

为避免国家权力的滥用和扩张，人民选择一些道德品质优秀的人来行使国家权力。不过，单纯依靠道德自律是不行的，我们只能假设人是自私的，甚至有时候会变成魔鬼。因此，人民制定宪法和法律，赋予人民代理人国家权力，保证同时又限制他们行使国家权力，最终达到保障人权的结果。

绝对权力导致绝对腐败。反腐败要解决三大问题，第一不能贪，第二不想贪，第三不敢贪。原来要解决的是"不敢贪"，四中全会要解决的则是"不能贪"。只有严格地实施宪法，按照宪法的原则和制度才能解决"不能贪"的问题。

市场经济与法治

市场经济对社会的冲击不可估量，主要表现为以下两方面，第一是对国家权力的冲击，包括权力范围、权力来源和权力依据；第二是对人们观念的冲击。作为权利经济、平等经济、法治经济，市场经济的核心是给予消费者选择权，并培育老百姓自由平等的观念。

一些官员经常感叹：老百姓不好管了！为什么不好管了？今天的老百姓脑子里面装的是自由、平等的权利，只能依法去管，必须建设法治政府，而法治政府必须是有限政府、阳光政府、责任政府、诚信政府。

关于法治与核心价值观的关系，我有三点结论：第一，必须坚持党的领导。只有坚持党的领导，才能保证人民当家做主，才能更好地依法治国。第二，四中全会《决定》的关键是领导干部要以法治思维、法治方式处理问题，这也是法治的核心。第三，四中全会《决定》把依法办事作为干部考核的重要指标，相信今后组织部门会制定一个系统的考核指标来具体考察。

（光明网记者 蒋正翔、宋雅娟整理）

"两弹一星"
的辉煌成就和伟大精神

扫码查看视频实录

时　　间：2014年11月26日

地　　点：北京科技大学

嘉　　宾：王兆宇

嘉宾介绍：王兆宇，现任中国酒泉卫星发射中心党委书记。长期从事航天发射工作，先后参与和组织指挥了神舟一号、二号、三号、四号、七号、八号、九号、十号、天宫一号等国家级重大航天发射任务，在航天发射质量建设上有着独到的见解和丰富的实践经验，组织开展了载人航天发射场质量管理体系建设，提出的"指挥操作不出差错、设施设备不出问题、质量把关不留隐患"等质量建设思想，为确保重大航天发射和科研试验任务圆满成功发挥了重要作用。

精彩观点：

★ 有了"两弹一星"，对中国军队和国防来说，确实是"鸟枪换炮"，霸权主义者再也不敢叫嚣着在我们头上挥舞"核大棒"。

★ 中华民族没有称霸世界的野心。搞"两弹一星"，就是为了出一出"百年屈辱"这口恶气，争得一个发展中大国应有的地位，争得一个历史悠久的民族应有的尊严。

★ 搞"两弹一星"靠什么？一靠党的英明决策和领导；二靠全国人民的支持；三靠国防战线的精气神。

"两弹一星"的伟大事业起步于20世纪50年代,至今走过了近60年征程。"两弹一星"伟业是新中国建设成就的重要象征,是中华民族的骄傲,是共和国屹立于世界东方的丰碑。下面我想谈两个问题:为什么要搞"两弹一星"?搞成"两弹一星"靠什么?

为什么要搞"两弹一星"?

我国之所以搞"两弹一星",主要有以下几方面原因:

国防安全形势所逼,不得不搞。第二次世界大战后期,导弹、原子弹的出现深刻改变了传统战争形态。这一时期,中国共产党领导人民打败日本侵略者、推翻"三座大山",完成了民族独立和建国大业。从此,中国人站起来了,但还没站稳、站直,内要百废待兴,外有强敌环伺。险恶的国际环境和民族自立自强的战略需要,逼着我们不得不搞"两弹一星"。

有了"两弹一星",对中国军队和国防来说,确实是"鸟枪换炮",霸权主义者再也不敢叫嚣着在我们头上挥舞"核大棒"了。经过几十年发展,"两弹一星"极大提升了我国的国防实力和战略威慑力。目前,我国核武器品种、型号齐全,能够实现一定的核威慑力。随着"两弹一星"事业的持续发展,我国的国防、军事实力肯定还会有大的跃升,我军应对强敌威慑的手段将更多,"拳头"将更硬。120年前甲午战争的惨败屈辱决不会重演,请全国人民放心!

发展"两弹一星"是国家发展所需,催着我们搞。新中国成立之初,国家经济十分落后,工业基础和科技力量极其薄弱。为了促进我国科技事业和国防工业的发展,我们党发出了"向科学进军"的号召,制定了《1956—1967年科学技术发展远景规划纲要》,决定优先发展以导弹、原子弹为代表的尖端技术。

从"两弹"起步到卫星上天，正是这十几年，我国抓住了第三次科技革命浪潮的机遇，与欧美强国站到了同一条跑道上——这个成就很了不起，对我国经济社会发展贡献巨大，推动了科学技术、工业发展、医疗卫生、资源利用等领域的深刻变革。

难能可贵的是，发展"两弹一星"还为我国培养了一大批科技英才。比较航天领域世界几个主要国家科技人员的平均年龄，中国是30多岁，美国是40多岁，俄罗斯则超过50岁。

大国尊严所系，人民盼望搞。搞核武器和航天工程，一开始就是大国之间的政治博弈。核武器越造越多，威力越来越大；导弹越打越远，能把地球毁灭几次、几十次还不罢休；航天领域，你放卫星我也放，你送人上太空我搞载人登月，你建空间站我造航天飞机……争来争去争什么？不就是在争世界霸权和战略威慑力嘛！

中华民族为人类社会发展作出了杰出贡献，我们没有称霸世界的野心。我们搞"两弹一星"，就是为了出一出"百年屈辱"这口恶气，争得一个发展中大国应有的地位，争得一个历史悠久的民族应有的尊严。当年原子弹、氢弹爆炸成功，被称为"东方巨响"，那真是"一弹震全球"。第一颗东方红卫星发射成功时，全国人民奔走相告，万人空巷。现在我们每次执行载人航天工程发射任务，也会受到社会各界的热切关注。

搞成"两弹一星"靠什么？

我将这个问题概括为三句话：一靠党的英明决策和领导；二靠全国人民的支持；三靠国防战线的精气神。

党的英明决策和坚强领导，是"两弹一星"事业胜利发展的根本保证。"两弹一星"事业倾注着历代中央领导集体的战略智慧和大量心血。

新中国建立初期，我国一缺钱、二缺人、三缺技术，在这样的基础上搞尖端科技，谈何容易？在1955年1月中央决定原子弹上马的会议上，毛泽东主席说："出兵朝鲜我想了三天，要不要搞原子弹，我想了三年。"陈毅元帅说："哪怕裤子当了，也要搞中国的原子弹。"张爱萍将军说："再穷，也要有一根打狗棍。"只要决心一下，就坚定不移地干。正是在党中央的坚定领导下，我们走出了一条独立自主、开拓创新的路子，取得了航天史上有标志性意义的"十个第一"重大胜利。

全国人民的大力支持，是"两弹一星"事业顺利发展的坚强后盾。当年搞"两弹一星"，中央一声令下，全国上下立刻行动，要钱给钱、要人给人、要力出力。为了发射中心的创建，当年居住在场区的350多户土尔扈特蒙古族牧民义无反顾地让出了世代生息的草地，北迁140公里另建家园。1970年发射东方红卫星时，万民齐上阵，仅守护通信线路一项任务，全国就出动了60万民兵，每根电线杆下面站一个民兵。这说明了什么？这是社会主义制度的优越性，举全国之力办大事。

国防科技战线的精气神，是"两弹一星"事业胜利发展的强大动力。"两弹一星"创业之初，我国经济贫穷，工业落后，尖端科技更是一张白纸，能在此基础上干成惊世伟业，精神的力量无疑是决定性的——这种精神就是"热爱祖国、无私奉献、自力更生、艰苦奋斗、大力协同、勇于登攀"的"两弹一星"精神。国防科技战线的这种精气神包括四方面内容：

1. 坚守信仰。听从党的召唤、追寻强国梦想，始终是国防科技工作者最真挚的情感、最坚定的信念。新中国成立初期，一大批功成名就、才华横溢的科学家纷纷放弃国外优厚的待遇和良好的科研条件，义无反顾地回到祖国。在国家表彰的23位"两弹一星"功勋科学家中，就有21位是冲破重重险阻、毅然归国的功臣。2013年，习近平主席在视察酒泉卫星发射中心时，一再问我们：中心地处荒凉的戈壁滩，在这里安心创业靠的是什么？大家不约而同地回答：靠的是为党、为国家、为人民的一颗赤诚之心。

2. 勇于创新。国防尖端技术买不来，别人也不会给，必须依靠我们自己，走自力更生的道路。当年的创业者凭借有限的苏制导弹样品和图纸资料，像蚂蚁啃骨头那样一点儿一点儿吃透技术、攻克难关，实现了从仿制到独立设计、制造的突破。改革开放特别是20世纪90年代以来，航天人始终瞄准世界前沿，主动出击、不断超越，在载人航天、探月工程等尖端领域实现了一系列重大跨越。

3. 求真务实。早在"两弹结合"试验时，周恩来总理就提出了"严肃认真、周到细致、稳妥可靠、万无一失"的十六字方针。国防科技战线始终把十六字方针作为座右铭，把"成功至上、质量第一"作为职业追求。"两弹一星"是门大科学，必须求真；是项大工程，必须认真；是个大实践，必须较真儿。1966年，有位操作员在一个接口里面发现一根五毫米的小白毛，他把这个肉眼看不到的小白毛捏出来了，钱学森知道后就把这根小白毛要走带到北京。到了1999年，一位女工程师在一个电动机驱动器里也发现了一根小白毛。以上两个例子说明航天人认真求真的精神没有变，而是贯穿了航天事业发展的全过程、各领域。我们所有的重大决策都经过科学程序、论证研究，所有组织管理都依据科学模式、规范运行，所有岗位操作都遵循科学规程、精心实施。

4. 无私奉献。最能体现这种精神的有三句话。第一句话："干惊天动地的事，做隐姓埋名的人。"当年搞"两弹一星"，上不告父母，下不告妻儿——这既是保密要求，又是创业者的集体自觉。1958年秋，接到原子弹研制任务后，"两弹元勋"邓稼先回家对妻子说"要调动工作，不能再照顾家和孩子了，通信也困难"。从此，他在大西北隐姓埋名一干就是28年。现在许多科技人员还是这样,把干过的事藏在心里、烂在肚子里。第二句话:"献了青春献终身,献了终身献子孙。"创业初期,航天科技战线驻地大多偏远封闭、教育条件差,很多夫妻出自名牌院校,自己的孩子却考不上大学;但广大科技人员宁可亏了身子,苦了妻子,误了孩子,也不能放下肩上这副担子。第三句话:"死在戈壁滩,埋在青山头。"当年搞"两弹一星"试验,为了把万一失利的损失降到最低,仅在发射阵地留了7名指挥操作人员。上阵前他们都留下遗书,向党组织递交了"生死状":死就死在阵地上,埋就埋在导弹旁——这就是后来载入航天史册的阵地"七勇士"。

  回首过去,"两弹一星"的历史灿烂辉煌;展望未来,中国梦、强军梦的时代召唤将使"两弹一星"的新征途更壮丽、更美好!

(光明网记者 蒋正翔、宋雅娟整理)

核心价值观
须立足优秀传统文化

第十一场
扫码查看视频实录

时　　间：2014年12月5日
地　　点：广东省龙门县
嘉　　宾：李汉秋
嘉宾介绍：李汉秋，全国政协原委员，著名人文科学学者，中国《儒林外史》学会会长，中国关汉卿研究会副会长。1989年获首届全国高校国家级优秀教学成果奖。1992年起获享国务院特殊津贴。中华母亲节促进会创会会长、中华父亲节促进会会长。2007年获文促会首届"弘扬中华文化"奖，2008年获首届"节庆中华奖·个人贡献奖"。

精彩观点：

★ 以"爱亲"为基础繁衍的价值观天然而富人性。

★ 中华传统节日是培育人伦道德的沃土和载体。

★ 伦理道德是对社会生活秩序和个体生命秩序的深层设计。

传统美德是中华文化的精髓

很长一段时间里，我们对经济基础与上层建筑的关系作机械简单化的理解，强调批判传统、与传统决裂。习近平主席强调："培育和弘扬社会主义核心价值观必须立足中华优秀传统文化。"这句论断，举重若轻，需要超越原来习惯的许多观念，需要极大的理论勇气，是对历史经验教训的深刻总结，端正了建设中华文化的方向。

在精神文化层面，西方文化重宗教，中华文化重人伦。中国是无"国教"而有"国德"，即没有国人普遍信仰的宗教，而有国人普遍崇尚的伦理道德。西方提到信仰，一般指宗教信仰；儒家提到信仰，首推纲常伦理。最明显的物态表现是：西方传统的村镇设教堂，我国传统的村镇有祠堂。

在文化系统中，伦理道德是对社会生活秩序和个体生命秩序的深层设计。中国哲学是伦理型的，伦理道德是中华传统文化的核心。伦理道德是做人的根基，因此我们以伦理道德作为精神家园，它不在彼岸的天堂，而在此岸的天伦。天伦之乐，这是华人的"福"、华人的天堂。

构建三大人伦道德

人伦关系，是建立在伦理的基础上通过人们的情感信念来处理的关系。重视伦理道德和人伦情感，是中华文化对人类文明最突出的贡献之一。

中国自古便是以"家庭（家族）"作为个人参与社会的基本单元。西方人的情感与心灵问题可以去找教堂神灵，而中国人更多在家庭人伦间沟通，家庭成为中国人情感与心灵遮风避雨的天然港湾。

人之初，从家教始。亲子之互爱出自人的自然天性，是不计功利和"支出""收入"的，与市场上的买卖交易截然不同。这是人类爱心的最初种子，是起点和基石，教育就是从这里开始的，所以也是道德启蒙的起点和基石。"老吾老以及人之老"，"幼吾幼以及人之幼"，仁爱之心，博爱精神……都是这种爱心的推衍和升华。从爱亲走向"泛爱众"，从家庭走向社会、自然，以此为根而繁衍的价值观和价值体系应是天然而富有人性的。

家庭是培育爱心和德行的全天候学校，是为社会培养合格的人。如果说我们现在的道德状况令人担忧的话，其原因之一不是人伦道德多了，而恰恰是人伦道德被削弱了。

我们的传统美德本来就深深扎根于百姓日用伦常之中，因此我们的道德建设应当继承传统美德这一优良传统，从百姓日用人伦抓起，从每个人自小怎样待人接物抓起，下大力气建设新伦常规范。

我们要建设的人伦关系是在人格平等的基础上互惠互动的伦理关系。我提出，现代应优先建设三大人伦关系：亲子关系（血缘伦理）、夫妻关系（婚姻伦理）、师生关系（代表层级伦理），构建和睦共荣的血缘关系、和美共生的婚姻关系、和谐共进的层级关系。具体而言，可落实到亲子爱、夫妻情、师生义。我们继承发扬优秀传统文化，应当大力建设好以上"三伦"。

设立四大人伦节日

中华传统节日是培育人伦道德的沃土，是人伦教化的好载体。在我国1951年制定的节假日制度中，传统节日只有春节。2004年，我通过全国政协提案建议：清明、端午、中秋、除夕等重要传统节日应作为法定节日放假，中央有关领导人几次批示进行研究。2005年，中宣部等五部委制定发布了《关于运用传统节日弘扬民族文化的优秀传统的意见》，到2006年回复提案时已肯定了我的建议。2007年又公布了清明、端午、中秋放假的方案，2008年起施行。

中华传统节日是在天人和谐的主导观念中氤氲育成，在流传过程中不断注入人伦精神，成了以人伦为灵魂的节日。中华年（春节）、清明节（中华感恩节）等七大传统节日莫不如此，这里只谈与三大人伦关系直接对应的四大人伦节日。

已有群众基础的中华母亲节亟须大力推广。母亲节是最重要的人伦大节，不同文化的母亲节形象代表都有不同的文化个性，流淌着民族文化的血液，承载着民族的精神。中华母亲节应植根于中华文化的沃土，具有民族的文化内涵和特定的民族精神底蕴。

中华民族最重视家庭伦理，理应有自己的母亲节。中华母亲节有双向互动的两方面含义：一是母爱、母教，一是爱母、孝亲。

先讲第一方面。爱子必然教子，母爱必然提升为母教，落实在母教上。母亲的素质决定着人类和民族的未来，母亲教育是民族素质建设和人才资源开发的原始性、长久性基础。因此，有识之士不断呼吁要发扬母教传统，振兴母教文化。2004年，我在全国政协会上提案创设以孟母为主要形象代表的中华母亲节（基准日是农历四月初二）。2007年起7年中，全国人大和全国政协已有三百多人次提此议案、提案。2011年4月，中国青年报"社调中心"与中国网、新浪网联合民调结果显示：80.9%的人赞成过中华母亲节。2013年5月，中国网网上投票结果显示：支持中华母亲节的超过98%。

再讲另一方面。中华母亲节、中华父亲节都直接以弘扬孝亲为核心内容，是践行孝道的良好契机，是弘扬人伦的重要载体。这是异质文化的母亲节、父亲节所无法取代的。人类的美好感情，包括体验和感受感情的能力，需要精心保护、加以培养。

重阳节可叠加中华父亲节。1982年，第36届联合国大会第20号决议提出，建议各成员国政府自己确定一个日子为本国的"老人节"。1989年，我国政府决定以本来就蕴含敬老内涵的九月初九重阳节作为中国敬老节（老人节），这是第一层叠加。我国继而又制定了相关法律：自2013年7

月1日起施行《老年人权益保障法》，其中第十二条为"每年农历九月初九为老年节"。

现在节日已经很多，叠加是种好方式，2010年，中宣部等七部委在《关于深化"我们的节日"主题活动的方案》(以下简称"节日主题方案")中指出：重阳节应突出"敬老孝亲的主题"。重阳节再叠加上"中华父亲节"，可促进每人每家的父教子孝。

再者，黄帝是中华民族的人文初祖，是由母系氏族过渡到父系氏族时期的中华父亲形象的代表，是我国悠久历史进入父系家长制以来的代表。中国古代很早就有"黄帝于九月九日驭黄龙上天"的传说。从汉代以来，人们便在这一天祭拜黄帝。把九九重阳祭拜黄帝的这一天作为中华父亲节，是有历史渊源、民俗依据的。

七夕节可叠加中华情侣节。青年人很需要表达爱情的节日，于是被二月份的西方情人节所吸引。其实，中华民族早有自己的情侣节——七夕节。

牛郎织女的婚恋观在当时是很超前的，在现在也是有生命力的，因为它强调的是婚姻自主而非屈从外力，看重的是人格人品而非权势财富，赞扬的是忠诚坚贞而非轻薄浮浪，追求的是精神高尚而非一时情欲，赞赏的是勤劳持家而非好逸浮华。这是中华民族优良的婚恋观，是中华民族优良人伦传统的表现，而且与时代精神相融通，现代人应当继承发扬，有利于新时代精神文明建设、抵拒不良风气影响。

中华教师节应定在孔子诞辰日。孔子是中国文化的象征，他在中国文化和教育传统的形成发展中发挥了广泛、持久而深远的影响。孔子思想是具有强大凝聚力的中华文化的重要组成部分。作为"万世师表"，孔子在2500多年前就提出了极其宝贵、丰富的教育思想，至今仍不失其积极意义。

现在的教师节，多是学生为老师庆祝节日，侧重于培养学生尊师。但这应该是教师节的一个方面，教师节还应具有另一个也许更为重要的内涵——教师节首先是教师自己的节日，通过节日可以使教师进一步培养为人师表的职业意识，提高自身的职业素养，增强对所从事职业的敬意。以孔子为形象代表显然有利于丰富教师节的文化内涵。

1939年，中华民国政府确定以农历八月二十七孔子诞辰为教师节（后来换算为阳历是9月28日）。从国家的统一与民族文化历史认同的角度考虑，以孔诞为教师节也是很有意义的。希望在不久的将来，孔诞成为全体中华儿女的教师节。我们期盼着一个更合适的中华教师节的到来。

（光明网记者　蒋正翔整理）

以改革视角
解读四中全会精神

第十二场

扫码查看视频实录

时　　间：2014年12月17日
地　　点：中国政法大学
嘉　　宾：查庆九
嘉宾介绍：庆九，中央政法委员会宣传教育指导室主任。北京大学法学博士，研究员，全国青联常委。曾任法制日报理论评论部主任、副总编辑，司法部办公厅副主任、信息中心主任、预防犯罪研究所所长、法制宣传司司长。长期从事行政法学、法治理念问题研究和法律实务工作，发表多部专著和论文。

精彩观点：

★ 我国是多层次混合型的立法体质。这种体质能够快速反映社会需求，但也有立法部门化、地方化的明显弊端。

★ 宪法是神圣的，我们崇拜它、信仰它；宪法又是亲切的，跟每一个公民生活息息相关，需要落实到现实生活中去。

★ 社会主义法治的统一、权威和尊严是衡量宪法实施效果的重要标志。

十八届四中全会在中国共产党的历史上第一次对全面推进依法治国

进行专题研究，并作出《中共中央关于全面推进依法治国若干重大问题的决定》(以下简称《决定》)。法治是社会主义核心价值观的重要内容，四中全会对法治建设的全面部署无疑给社会主义核心价值观注入了新的内涵、新的血液。因此，与大家一起学习交流四中全会的心得体会，畅谈、展望未来法治建设的走向和前景非常有意义。

下面，我从七个方面简要介绍《决定》提出的法治领域重大改革举措。

健全宪法实施的监督机制

社会主义法治的统一、权威和尊严是衡量宪法实施效果的重要标志。当前我国宪法实施中存在监督机制不完善、不同位阶法律规范之间存在冲突等问题，严重影响了法律的严肃性和权威性。

因此，《决定》从健全宪法实施的监督机制入手，开出了"药方"：一是健全宪法解释程序机制，把解释宪法的权力落到实处；二是把所有规范性文件纳入备案审查范围，即一切对公民个人和组织的权利义务产生影响的规范性文件都要受到备案审查；三是加强备案审查制度和能力建设，以确保全国人大常委会有效履行监督宪法实施的职责。

此外，《决定》还提出设立国家宪法日、建立国家工作人员宪法宣誓制度。这两条具体举措从一个侧面体现了《决定》吸收借鉴一切对法治建设有益的做法和经验，具有很强的开放性和包容性。

避免立法部门利益化和地方保护化

我国现行的立法体制是多层次、复合型的：人大是立法机关，行政机关根据相关法律规定也有立法权；中央有立法权，地方依据法律规定也享有立法权。这种立法体制的优势是能够有效、快捷地回应社会对规范的需求，但其不足也日益凸显：一是部门利益法制化，即部门主导立法，使法律体现或固化部门利益，必然会侵害社会和公民的个人利益；二是立法的地方保护，一些地方立法往往行地方保护、市场分割之实，阻碍形成统一、公平的社会主义市场经济体制。

为解决立法的部门利益化和地方保护化问题，《决定》提出了如下措施：

首先，健全人大主导立法的体制机制，提出综合性、全局性、基础性的重要法律草案，由全国人大相关专门委员会、人大常委会法制工作委员会来起草；同时，重要行政管理法律法规由政府法制机构组织起草，即把立法权从部门手里拿出来，从源头上切断部门利益法制化的制度性通道。

其次，建立立法专家顾问制度。为了确保人大能够有效主导立法，《决定》给出了两个保障机制：一要增加有法治实践经验的专职常委比例；二要建立立法专家顾问制度，为立法部门提供帮助。

再次，建立立法第三方评估制。对于一些重要的法律草案，如果涉及多个部门，在几方争执不下、久拖不决的情况下，引入没有利害关系的第三方来评估论证，以防法律迟迟不能出台，影响法治的进程和社会公共利益。

规范和约束行政执法行为

行政执法跟普通百姓关系最为密切，因此是最需要规范和受到法律约束的一种行为。目前行政执法行为存在的突出问题主要体现在权责脱节、多头执法、选择性执法三个方面。

《决定》提出的深化行政执法体制改革的主要措施有：第一，推进综合执法——这是针对多头执法提出的改革措施；第二，实行执法人员持证上岗和资格管理制度——这是针对执法人员素质良莠不齐所采取的改革举措；第三，严格执行罚缴分离和收支两条线——这是为解决执法的利益驱动问题；第四，建立健全行政裁量权基准制度——这是为解决执法随意性问题；第五，健全行政执法和刑事司法衔接机制——这是从制度上遏制、消除以罚代管、以罚代刑。

司法体制改革遵循和回归司法规律

司法活动在整个法治建设中占有特殊的重要地位。《决定》的一个鲜明亮点，就是在司法体制改革方面作出一系列遵循和回归司法规律的重大改革举措。

一是优化司法职权配置。《决定》提出了四项措施：第一，健全完善四机关（公安、检察、法院、司法行政）各司其职，四权力（侦查权、检察权、审判权、执行权）分工负责、相互配合、相互制约的体制机制；第二，推动实行审判权和执行权相分离的改革试点；第三，统一刑罚执行体制；第四，探索实行法院、检察院司法行政事务管理权和审判权、检察权相分离。

二是完善司法管辖体制。有三项改革措施，其核心目标是排除各种因素对司法的干扰，维护司法权威：第一，最高法院设立巡回法庭，审理跨行政区域重大行政和民商事案件；第二，探索设立跨行政区划的法院和检察院，办理跨地区案件；第三，完善行政诉讼体制机制，合理调整行政诉讼案件管辖制度，切实解决行政诉讼立案难、审理难、执行难等突出问题。

三是完善司法权力运行机制。《决定》提出五条措施。第一，改革法院案件受理制度，变"立案审查制"为"立案登记制"。第二，完善刑事诉讼中认罪认罚从宽制度。在刑事诉讼中，如果被告人自愿认罪、自愿接受处罚、积极退赃赔偿的，探索及时简化或终止诉讼的程序制度。第三，完善审级制度。我国人民法院审判案件实行两审终审制，三大诉讼法都规定了再审程序，但是我国法律对一审、二审、再审没有明确的功能区分，这就使得各个审级应该具有的功能没能得到有效发挥。完善审级制度，就是要实现一审重在解决事实认定和法律适用，二审重在解决事实法律争议、实现二审终审，再审重在解决依法纠错、维护裁判权威。第四，推进以审判为中心的诉讼制度改革，从源头上提高办案质量，防止冤假错案。第五，探索建立检察机关提起公益诉讼制度。

勾勒法治社会建设的路径

我国有很长的封建人治历史和传统，法治的意识和社会土壤很薄弱。法治社会建设搞不好，法治国家的建设一定会步履蹒跚。因此，《决定》提出推进法治社会建设，本身就是一大创新，同时也对如何建设法治社会提出了基本框架，作出了具体部署。《决定》从推动全社会树立法治意识、推进多层次多领域依法治理、建设完备的法律服务体系、健全依法维权和化解纠纷机制四个方面勾勒了法治社会建设的路径。这四个方面归结到一点，就是要强化法律、法治在整个社会生活、建设中的基础地位，强化法律在维护群众权益、化解矛盾纠纷中的权威地位，使全体人民成为社会主义法治的忠实崇尚者、自觉遵守者、坚定捍卫者。

建设专门的法治工作队伍

法律的专业性很强，需要一支专门的法治工作队伍。《决定》提出了"法治专门队伍"的概念，主要指立法、行政执法、司法工作人员，也包括法律服务、法学教育等从业人员。

《决定》提出了建设法治专门队伍的三项措施：第一，健全国家统一的法律职业资格考试制度，统一和提高法治专门队伍的准入门槛；第二，建立法律职业人员统一职前培训制度，培养法律职业人才的共同知识背景、话语体系和职业伦理；第三，建立法官、检察官逐级遴选制度。

运用党内法规从严管党治党

《决定》提出的一个重大改革创新举措，就是把党内法规纳入中国特色社会主义法治体系中，强调坚持运用党内法规从严管党治党。《决定》提出了两方面要求：一方面，党内法规要与国家法律衔接和协调，要符合党章，符合《宪法》和法律的原则和精神；第二，运用党内法规把党要管党、从严治党落到实处，强调党纪严于国法，体现了我们党运用党内法规从严管党治党的决心。因此，把运用党内法规从严管党治党写进十八届四中全会的《决定》，既是全面推进依法治国的重要内容，也构成了推进法治建设、厉行法治的强有力政治、法治保障。

（光明网记者 蒋正翔、康慧珍整理）

川藏线：用血肉与灵魂铸就的"英雄路"

扫码查看视频实录

时　　间：2014年12月30日

地　　点：四川成都

嘉　　宾：翟风竹

嘉宾介绍：翟风竹，现任成都军区联勤部川藏兵站部政治委员，大校军衔。历任成都军区政治部宣传部干事、处长、理论研究室主任、副部长、成都军区联勤部政治部副主任。长期在军区机关从事宣传教育和理论研究工作，多次被评为"军营理论热点面对面优秀作者"。

精彩观点：

★ "艰险多吓不倒、条件差难不倒、任务重压不倒"的川藏线"三不倒"精神，是"两路"精神在川藏线上的生动诠释，是社会主义核心价值观的深刻反映，更是川藏线军人永远守望的精神家园。

★ 烈士们没有魂归故里，而是把生命融入千年冻土，永远守望着战友在高原上驾车驰骋。倒下的，化作了路基；活着的，站成了路标，引领车队继续迎着艰险前进。

★ 一代代官兵在川藏线上无数次"西进"与"东返"中，征服了一个个地理上的海拔高度，也不断垒高自己的人生和信仰高度，塑造着一座座精神图腾。

2014年是川藏、青藏公路建成通车60周年。习近平总书记作出重要批示:"60年来,在建设和养护公路的过程中,形成和发扬了'一不怕苦、二不怕死,顽强拼搏、甘当路石,军民一家、民族团结'的'两路'精神。新形势下,要继续弘扬'两路'精神,养好'两路',保障畅通,使川藏、青藏公路始终成为民族团结之路、西藏文明进步之路、西藏各族同胞共同富裕之路。"这一论述首次概括、阐述了"两路"精神,既繁荣了中华民族的精神家园,也丰富了社会主义核心价值观的内容,意义重大。

川藏线军人永远守望的精神家园

川藏公路(川藏线)位于国道318线中段,全长3176公里,途经两省区6个地市州34个县,穿越四大山系,横跨五大水系,平均海拔3500米,最高海拔5300多米。这条公路是怎么来的?当年10万大军响应毛泽东同志"一边进军一边修路"的号召,在没有一张完整地图、没有任何地质资料的条件下,凭着无穷的智慧,用两只手和近乎原始的工具,奋战了4个冬夏,终于修通了内地通往"世界屋脊"的川藏公路。1954年12月25日,拉萨通车,结束了西藏没有公路的历史,也创造了世界筑路史上的奇迹。

今天,川藏公路仍然是一条举世瞩目的天下奇路:在"驴友""摄友"眼里,川藏线是中国最美的景观大道;然而在修建、驻守川藏线的军人眼中,川藏线却是一条世界上最高、最险的公路。一代代官兵在征战这条西部奇路中,面对生死挑战与得失考验,用鲜血和生命铸就了"艰险多吓不倒、条件差难不倒、任务重压不倒"的川藏线"三不倒"精神。"三不倒"是"两路"精神在川藏线上的生动诠释,是社会主义核心价值观的深刻反映,更是川藏线军人永远守望的精神家园。

"千里大转移"叫响"三不倒"口号

忠于使命、敢于担当,是川藏线军人的素质和本能。

1992年,川藏线发生大面积塌方、泥石流等灾害,造成河流堵塞、交通中断。当时我们部队正在承担运送物资的重要任务。险情出现后,大约300台车被堵在路上,勘察组断言"短时间内无法疏通"。怎么办?兵站党委毅然决定:绕道青藏线完成任务!一声令下,没有出发的车队直奔青藏线,已经出发的车队掉头转向青藏线,1000台车就这样浩浩荡荡地前进了。转战中,广大官兵在陌生的青藏线上战胜了一道又一道艰险,绕行了1000多公里,将物资安全运达边防。在兵站部历史上,这次转线运输任务被称为"千里大转移"——正是在这次大转移中,我们的战士第一次叫响了"三不倒"口号,形成"三不倒"精神。

60年来,我部官兵以"十米有险情、百步埋忠骨"的川藏线为主战场,足迹遍布云、贵、川、藏、渝等10多个省(市、区),累计出车100多万台次,行驶36亿车公里(相当于绕赤道运行9万圈),运送各类物资500多万吨、人员100多万人次;先后有156个单位被总部、军区记功,135名个人获得一等功及以上奖励或荣誉。2013年1月,军委主席习近平签署通令,给我部记一等功。

倒下的化作路基,活着的站成路标

不畏艰险、勇于牺牲是川藏线军人的崇高境界。

1967年8月,我部某团副政治教导员李显文带领车队在执行任务途中突遇特大山体滑坡,道路被阻。为探明情况,引导车队尽快突围险区,李显文带9名党员干部进入塌方区勘察。在向险区中心进发时,突然传出一阵惊天动地的巨响,再次发生特大山崩,10名官兵顷刻间被泥石流吞没,化作雪山上永恒的雕塑。次年,他们被中央军委追授为"无限忠于毛主席的川藏线上十英雄"。

现在，虽然川藏线上的工作、生活条件得到了改善，但恶劣的自然环境没有改变，塌方、泥石流、飞石时常发生。此外，在高原上长期生活，高寒缺氧容易带来身体上的疾病，从而留下后遗症甚至威胁生命。一位战友说过："我爱川藏线，因为这条路是为西藏造福的幸福之路，我们把青春、热血都奉献给了这片土地；但是我又恨川藏线，因为它夺取了我太多战友的生命。"这段话引起了不少官兵的共鸣。60年来，我部先后有1800多名官兵受伤致残，3000多名官兵留下终身疾病，661名官兵长眠在雪山之巅。

烈士们没有魂归故里，而是把生命融入千年冻土，永远守望着战友在高原上驾车驰骋。倒下的，化作了路基；活着的，站成了路标，引领车队继续迎着艰险前进。

"西进"与"东返"塑造的一座座精神图腾

情系高原、无悔奉献是川藏线军人的优秀品质。

在川藏线上有这样一对夫妻兵：一个叫余兵兵，在汽车团；另一个叫陈丹丹，是兵站的女护士。两人长期分居在川藏线的两头，结婚8年来在一起的时间还不到半年。2010年，丹丹怀孕了，由于高原缺氧寒冷，胎儿5个月大时突然出现先兆性流产，丹丹被组织上紧急送往内地医院保胎。在胎儿7个月大时，丹丹突然大出血，胎盘前置，胎心微弱，母子处境危险。此时，身为技术骨干的余兵兵正率队执行重大物资运输任务。接到电话后，他急得跑到没人的地方哭了一场，擦干眼泪后继续带领车队前进。幸运的是，丹丹和孩子最终都脱离了生命危险。

丹丹与兵兵的故事被媒体报道后，在全国引起了热烈反响。他们爱得简单而炽热，活得纯粹而令人羡慕。在他们面前，"宁可躲在宝马车里哭,也不坐在自行车上笑"的人生显得多么苍白与浅薄。

"西进"与"东返"是兵站部官兵对完成一趟进藏运输任务的简练概括。一代代官兵在川藏线上无数次"西进"与"东返"中,征服了一个个地理上的海拔高度,也不断垒高自己的人生和信仰高度,塑造着一座座精神图腾。

一名士兵就是一粒维护民族团结的种子

军民团结、藏汉一家是川藏线军人的永恒宗旨。

近年来,我们不断巩固深化军民共建成果,创造性地开展送科技、送教育、送文化、送法律、送健康"五送"爱民助民活动和"千里川藏线党旗红"军地党建联建活动、"雏鹰育才资助行动"。今年,又在川藏沿线开展以"学藏族文化、与藏族群众交朋友、为藏族同胞做好事"为主要内容的"学、交、做"活动,与147个地方党委政府、乡镇村寨、学校医院结成共建对子,结对认亲50户困难群众,帮助他们发展农副业。如今,川藏线沿途"村村挂党旗、户户飘国旗",小学生路遇军车敬队礼随处可见。可以讲,我们的一名士兵就是一粒维护民族团结的种子,一台军车就是一个倡导民族团结的窗口,一座兵站就是一个带动藏区群众的服务队。

川藏线旧貌换新颜

锐意进取、开拓创新是川藏线军人的不懈追求。

在党中央、中央军委的关心和持续投入下,在我们的不懈努力下,如今的川藏线已是旧貌换新颜:一是公路变了,由过去的搓板路、泥浆路变成现在宽阔的柏油路、水泥路;二是装备变了,汽车兵驾驶的车辆由过去的"大道奇""老解放"变成了大吨位的"康明斯""斯太尔";

三是官兵生活条件变了，餐桌上的老三样（粉条、罐头、脱水干菜）变成了"八菜一汤"，土坯房、"干打垒"变成明亮整洁、设施完善的阳光棚和永久性住房；四是向信息化川藏线迈进——过去车队指挥基本靠旗语和哨音，现在通过"川藏公路军事运输指挥自动化系统"，指挥员在机关就可以直接指挥千里之外的车队；五是实现了安全发展，创造了连续10年无因车祸亡人的安全纪录，昔日"生死线"成为今朝"安全大动脉"；六是打造出一支能打胜仗的部队。

60年来，川藏线军人传承"两路"精神，跨千山万水，涉冰峰雪岭，走出了一条理想与人生的升华之路。今天，我们有幸生活在实现中国梦的伟大时代，伟大时代需要伟大精神——这就是"富强、民主、文明、和谐"，"自由、平等、公正、法治"，"爱国、敬业、诚信、友善"所阐释的社会主义核心价值观。历史昭示我们，只要把这种精神发扬、坚持下去，国家和民族就大有希望。

（光明网记者　蒋正翔整理）

核心价值观
与中国人精神世界重建

第十四场

扫码查看视频实录

时　　间：2015年1月30日

地　　点：广西百色

嘉　　宾：韩庆祥

嘉宾介绍：韩庆祥，现任中共中央党校副教育长兼哲学部主任，博士生导师。中共十八届中央政治局第11次集体学习主讲专家。主要从事马克思主义哲学、政治哲学、马克思主义理论、马克思主义人学和中国问题的研究，兼中国人学学会副会长、中国马克思恩格斯研究会副会长。

精彩观点：

★ 精神懈怠的危险是所有危险之首，重建中国人的精神世界，解决人的精神懈怠问题意义重大。

★ 一个人具有自然长相和精神长相。父母决定其自然长相，文化决定其精神长相。

★ 造成精神懈怠的深层原因，就国内来讲，是"物化生存"方式；就国外来讲，与西方对我国的"攻心战"有关。

理解培育和践行社会主义核心价值观的实质

习近平总书记高度重视培育和践行社会主义核心价值观,究竟要解决什么问题、达到什么目的?这实际上就是培育和践行社会主义核心价值观的实质问题。我的理解,其实质,主要是重建中国人的精神世界,着力提升我国文化软实力。

当今,我国一些人存在精神懈怠问题。哲学上所讲的世界,主要包括物质世界与精神世界。当今,我国对物质世界的问题解决得相对好,我国的物质财富日趋丰富,人民群众的物质生活水平不断提高,我国已成为世界第二大经济体。当然,我国的精神文明建设也取得了历史进步,应充分肯定。然而,我国一些人精神世界中的问题还不尽如人意,主要是出现了精神懈怠问题。梁漱溟先生提出的"三大关系理论",对1978年以来我国的历史发展具有一定解释力。他认为:人和物的关系、人和人的关系、人和其精神世界的关系是人类面临的三大根本关系,这三大关系是在历史发展进程中逻辑地一一呈现的,首先呈现的是人和物的关系,然后历史逻辑会把人和人的关系呈现出来,再接着会逻辑地把人与其精神世界的关系呈现出来。

1978年之初,在我国历史发展进程中,由于历史发展的内在必然性,人和物的关系确实相对突出。那个时期,我国强调以经济建设为中心,把大力解放和发展社会生产力作为首要根本任务,把提高人民群众的物质生活水平作为我国主要的奋斗目标。历史发展到胡锦涛同志执政时期,解决人和物的关系问题依然很重要,但人和人的关系相对突出出来了。科学发展观,第一句话讲"第一要义是发展",主要讲的还是人和物的关系。然而,其中所讲的"核心是以人为本""基本要求是全面协调可持续""根本方法是统筹兼顾",以及"构建和谐社会"等,主要讲的就是人和人的关系。历史发展到当今习近平总书记执政时期,人和物的关系、人和人的关系问题依然很突出，然而，人与其精神世界的关系更加突显。

在今天，人们物质富有了，但一些人的精神却贫困了，物质生活水平提高了，但思想分化了，物欲横流但精神懈怠。这里所讲的精神，核心是价值观。

造成精神懈怠的深层原因，就国内来讲，是"物化生存"方式；就国外来讲，与西方对我国的"攻心战"有关。先看国内。所谓"物化生存"方式，就是有些人的需要、能力、关系、感情、价值等，都要通过"物"来体现、实现和确证，人对"物"有一种依赖，受"物"支配和主宰，"物"对人有一种统治。这种"物化生存"方式反映到一些人的精神世界中来，就会呈现精神懈怠现象。

再看国外。1978年以来，我国实行改革开放。在改革开放过程中，我国强调并注重学习西方发达国家一些先进文明的有益成果。但同时，一些西方国家试图"对我国打一场没有硝烟的战争"。这场没有硝烟的战争，在尼克松看来，就是要对中国打"攻心战"。尼克松在《1999不战而胜》一书中指出：必须动用我们的军事、经济和技术力量和手段，诱使社会主义国家"和平演变"，开展"意识形态斗争"，打"攻心战"。当有一天，中国的年轻人不再相信他们的历史传统和民族的时候，就是美国人不战而胜的时候！这种攻心战是通过四个步骤来实现的：第一个步骤，让中国人崇拜"西方标准"，向西方基准看齐；第二个步骤，用"西方标准"裁判中国，让中国人认为西方的月亮比中国圆；第三个步骤，让中国人对自己的历史、文化、传统，对自己的国家、民族、人民，对中国道路、中国理论、中国制度采取虚无主义，统统给以否定。同时，一些西方国家再进一步丑化中国、美化西方；第四个步骤就是"不战而胜"：动摇中国人的理想信念，摧毁中国人的自信，瓦解中国人的共识，离间中国人的凝聚力，消磨中国人的斗志。

精神懈怠的危险是所有危险之首。如果一个政党、一个国家、一个民族、一些人的精神懈怠了，这个党、国家、民族和人民是难以真正强大起来的，实现中国梦就是一种空想，终究要败下阵来。正是在这种情境下，中央大力强调积极培育和践行社会主义核心价值观，重建中国人的精神世界，解决人的精神懈怠问题。习近平总书记特别强调"中国精神"，意义也在于此。

提升国家文化软实力。一个国家的实力主要包括硬实力和软实力。1978年以来，我国的硬实力如经济、科技和军事等逐渐得到增强。我国的文化软实力也在不断提升，对此应充分肯定，但依然呈现相对弱势。主要表现在：一些人对中华优秀传统文化缺乏自信，中华优秀传统文化的影响力还不够大；一些人出现价值观迷失，社会主义核心价值观还没有完全入脑入心入地，而西方所谓的普世价值却得到一些人的吹捧；一些人出现精神懈怠，"钱多人傻""土豪""拼爹""腐败"等现象充斥于社会；中国道路促进了中国成功，然而一些人在主观上却对中国道路、中国理论、中国制度缺乏足够的自信，还缺乏阐释和传播中国道路、中国理论、中国制度的有效中国话语体系和话语权，许多话语权为西方世界所掌握。

一个人具有自然长相和精神长相。父母决定其自然长相，文化决定其精神长相。当今，我国"物质"逐渐强大，"物质中国"的形象树立起来了，但其"精神长相"还不尽如人意。我们应高度重视"文化中国""精神中国"的建设。习近平总书记指出，核心价值观是文化软实力的灵魂、文化软实力建设的重点。一个国家的文化软实力，从根本上说，取决于其核心价值观的生命力、凝聚力、感召力。正是在这种情况下，中国共产党人大力倡导积极培育和践行社会主义核心价值观，以提升中国的软实力，建设文化强国，为实现中国梦提供精神支撑。当代中国人的精神世界丰富了，文化软实力提高了，不仅能抵御西方消极文化的渗透和侵蚀，而且还可以增强文化整体实力和竞争力，真正从精神气概上屹立于世界民族之林！

从总体上把握社会主义核心价值观

我们可以从"提炼与形成""层次与关系""价值与社会主义核心价值观"三个方面，总体上把握社会主义核心价值观。

社会各界对社会主义核心价值观的提炼与形成，可以说费尽了心血，贡献了智慧，应充分肯定。《光明日报》对此也有重要贡献。习近平总书记指出，社会主义核心价值观，既体现了社会主义本质要求，继承了中华优秀传统文化，也吸收了世界文明有益成果，体现了时代精神。从总体来讲，提炼与形成社会主义核心价值观，主要是坚持了如下三个方法论原则。

一是坚持弘扬中华优秀传统文化、坚持社会主义文化和吸收世界文明有益成果三者的统一。习近平总书记特别强调指出，培育和弘扬社会主义核心价值观必须立足中华优秀传统文化，使其成为涵养社会主义核心价值观的重要源泉。只有这样，它才能接地气，才能扎根开花结果，被人们认同，而不至于飘在空中；我们确立的是"社会主义"核心价值观，它必须体现社会主义的本质，也必须吸收世界人类文明的有益成果，这样才能体现出其开放性、包容性和先进性。

二是体现马克思主义的本质、社会主义的本质和党执政本质的统一。价值观实际上是一种理念，价值观和理念一定要体现事物的本质，"理念"要从"本质"中提升。社会主义核心价值观是"社会主义"的核心价值观，它必须体现社会主义的本质；社会主义核心价值观的理论基础是马克思主义，它也要体现马克思主义的本质；社会主义核心价值观是中国共产党人极力倡导、培育且要践行的，它还必须体现党的立党为公、执政为民的执政本质。在国家、社会和公民个人三个层面，不同程度上都有所体现。

三是体现历史、时代和逻辑的有机统一。目前"12个词"的社会主义核心价值观，既是在1978年以后中国社会历史发展的实践进程中一步一步形成的，实践的成熟程度决定着认识的成熟程度；又体现了爱国主义的民族精神和改革创新的时代精神；还体现了从宏观（国家）经中观（社会）再到微观（公民个人）的逻辑关系，体现了我国现代化进程中逻辑地呈现出来的国家、社会和公民个人三者最本质的关系。

层次与关系社会主义核心价值观的内在逻辑框架分三个基本层次，即国家、社会、公民个人，它分别回答了"建设什么样的国家"、"建设什么样的社会"和"培育什么样的公民"三个重大问题。

国家、社会和公民个人三者具有内在的逻辑关系。在中国现代化进程中，需要面对并正确处理的最根本或本质的关系，是党与国家、党与社会、党与公民个人的关系。党治国理政，首先要治理国家；而国家是建立在社会基础上的，国家与社会的关系是党治国理政要面对的根本关系；社会是由个人组成的，公民个人是社会的主体承担者，人既是社会的人，是剧中人，社会又是人的社会，人是剧作者，所以，党治国理政，还要面对并正确处理社会与人的关系。

全面准确深入理解社会主义核心价值观，首先要理解价值与价值观。价值具有普世性，而价值观不具有普世性。如果去掉"社会主义"，那"12个词"讲的都是价值，而不是价值观。价值观是对"价值"具有方向性和取向性的根本判断、根本看法。那"12个词"作为价值，不分国家、民族、社会和人，大都会认同，这是具有普世性的。正如都认同

"都要穿鞋"一样。但作为价值观，资本主义与社会主义，对这"12个词"就有不同的定义、解释、判断和看法。比如对自由、民主、公正等，就有各自不同的解释和理解。当然，在解释和理解中也会具有某些共同点，但差异甚至根本差异是存在的。正如都认同穿鞋，但一定有"合脚不合脚"的感觉一样。习近平总书记所讲的"鞋子论"，就很有启发性。西方人推崇"选举民主、一人一票"，而中国倡导"协商民主、有事与人民商量"；西方文化推崇个人自由，而中国文化倡导在"社会关系"中的自由。就这个意义上，价值观是不具有普世性的。

全面准确深入理解社会主义核心价值观，其次要理解价值、价值观和社会主义价值观。那"12个词"讲的都是价值。要把价值转化为价值观，就要对"12个词"在方向上明确表达出一种判断、导向、取向。资本主义和社会主义对这"12个词"，就有不同的判断、导向和取向，于是就有了资本主义价值观和社会主义价值观。我们之所以在"价值观"前面加上"社会主义"，就是要为这"12个词"作出符合"社会主义"本质和要求的解释、判断、导向，注入"社会主义"的元素、内涵和本质。

全面准确深入理解社会主义核心价值观，第三要理解社会主义核心价值观与中国特色社会主义核心价值观。如果就社会主义核心价值观而言，当年马克思、恩格斯在一般意义上曾讲过，如每个人自由而全面发展。从学术的严格意义上讲，那"12个词"实际上讲的是"中国特色社会主义基本价值观"，它既具有中国特色，又具有社会主义性质，还是基本意义上的价值。

全面准确深入理解社会主义核心价值观，最后要正确看待西方的普世价值与价值观。首先，从字义表面来讲，西方所谓的普世价值都是价值，而不是价值观。它们的策略是，首先让你接受这些价值（一般来说，大多数人是会接受而不会拒绝的，社会主义核心价值观也合理吸收了其中一些"价值"），然后它再给出它们的定义、解释和看法，这就是价值观了。它先让你接受价值，然后向你灌输它们的价值观，再加上它们掌握着话语权，一些人就会掉入它们设置的圈套。其次，西方所谓的普世价值是具有选择性的，但并不是具有"普世"的选择性。在它们普世价值的谱系里面只有自由、平等、博爱，而没有我们中国文化中的仁义礼智信。实际上，中华优秀传统文化中的仁义礼智信、和而不同、协和万邦等，也具有普世性。如果我们掌握着话语权，让我们来确定普世价值，我们既会选择自由、平等，也会选择仁义礼智信、和而不同、协和万邦。再次，就公民个人层面，西方国家所讲所奉行的普世价值是真诚的、真实的、现实的。然而，在国家之间的国际实践层面，却不够真诚。这里，它们实际行动上奉行的价值观是国家利益至上（这种国家利益至上，是会牺牲他国利益的），而不是普世价值。它们往往打着普世价值的旗号，却以牺牲别国利益为代价来换取自己国家的发展。最后，西方于中国，对待科学与民主的态度截然不同。1978年以后，我们用我国的市场换西方的技术，我国的某些市场被西方占据不少，而西方的技术尤其是核心技术倒没给我们多少。而民主就不大一样了。我们力求根据中国的历史、文化、传统、实际、国情与经济政治文化社会发展水平来逐步推进中国的民主化进程，不搞西方式的民主，但西方一些国家却千方百计、想方设法廉价地给我们输出它们所谓的民主，甚至培养代理人给我们输出。由此，我们在向西方学习的时候，要明确两种"学习观"：一种是"吃了牛肉把人变成牛"的丧失国家、民族主体性的依附性学习观；另一种是"吃了牛肉比牛更牛"的强筋固体且增强国家、民族主体性的学习观。我国是学习性大国，我们要以开放胸襟和战略思维学习世界一切文明有益成果。但我们在学习的时候，应倡导第二种学习观，而不是第一种学习观。

怎样积极培育和践行社会主义核心价值观

从"认知、认同、认真"入手积极培育社会主义核心价值观。培育社会主义核心价值观是"内化于心",它可以通过"认知、认同、认真"三个基本环节来进行,重点是青少年。

一是认知。即让人们认知社会主义核心价值观。认知首先需要记忆,记忆是通过五官感知来实现的。这里,标语、图像、宣传就显得重要了。习近平总书记指出,要把社会主义核心价值观的基本内容熟记熟背,让它们融化在心灵里、铭刻在脑子中。认知,其次需要理解,理解是通过解释来实现的。要通过不断学习、灌输、解释来理解核心价值观。这里,专家学者自身硬,真学真懂,并能简明扼要、深入浅出、融会贯通、便于理解的精心解读、讲解、灌输,就显得十分重要。当然,再配上具象的感性体验,用感性的生活事例来阐释抽象理论,认同度就会更高。认知,还需要领悟核心价值观的实质,这需要通过我们的深入思考和研究来实现。通过感知、解释、思考研究来记忆、理解、领悟,是人们认知社会主义核心价值观的基本途径。习近平总书记指出,要润物细无声,运用各类文化形式,生动具体地表现社会主义核心价值观。一种价值观要真正发挥作用,必须融入社会生活,让人们在实践中感知它、领悟它。

二是认同。即增强人们对社会主义核心价值观的认同。认同,就是要真正解决人民群众关切的根本利益问题,并被广大人民群众所掌握。社会主义核心价值观被广大人民群众所认同,主要是通过"言行一致"、"理论宣传与实践效果一致"、"理念制度政策措施一致"、"价值观与大众需求一致"来实现的。我们嘴上说的与行动上做的要尽力一致起来,否则会影响人们的认同。要把我们的理论宣传逐渐转化为实实在在的体现社会主义本质要求的实践效果,使人们从实践效果中来主动认同核心价值观，真正把政治上的主导要求变成人民群众的主体需求。如果在理论宣传上调子高高的，而在实践行动上另搞"官本位"那一套，甚至实践效果与理论宣传背道而驰，人们就很难产生认同感。这就要求我们在实践中必须逐步消除"官本位"的价值观，把新一届中央的方针政策，把新一届中央解决问题的思路办法及其好的效果呈现在人民群众面前。核心价值观属于理念范畴，只有贯穿到制度、政策、措施的各个方面，实现一体化，人们才会自觉去认同核心价值观。如果只把核心价值观停留在理念上，而我们的制度、政策和措施没有真正体现核心价值观，人们是很难认同核心价值观的。不仅如此，还应把培育社会主义核心价值观真正落实到反映人民大众的物质生活诉求和精神生活需求上，站在人民大众立场上为人民大众立言，并采取灵活多样的方法和群众喜闻乐见的形式，使核心价值观真正贴近生活、贴近实际、贴近群众、融入现实。只有这样，社会主义核心价值观才能真正赢得人民大众的认同。

三是认真。即在心灵上对培育社会主义核心价值观具有敬畏之心，态度认真。世界上怕就怕"认真"二字，共产党人最讲认真。什么事只要认真起来，没有干不好的，对培育社会主义核心价值观，也是一样的。我们应像认真抓"经济项目"那样认真抓"价值观培育"。只要培育社会主义核心价值观的任何主体都认真地抓培育，他就会对培育具有担当精神和责任感，就会积极主动创造性地展开工作。

从"五个"方面积极践行社会主义核心价值观。首先是结构调整。以行政力量为核心，经济力量、社会力量依附于行政力量的传统力量结构，必然会产生权力至上、自上而下、逐级管制、缺乏制约的权力运作方式。这种传统的力量结构及其权力运作方式会产生"官本位"的价值观及其不良作风，成为践行社会主义核心价值观的结构障碍。由此，应随着现代化的发展进程，转变政府职能，形成在中国共产党领导下的行政力量、经济力量、社会力量相互制约、相辅相成的新型力量结构及其合理的权力运作方式。在这种力量结构及其权力运作方式中，会逐渐消除"官本位"价值观的消极影响，为践行社会主义核心价值观提供基础。

其次是制度安排。习近平总书记指出，要按照社会主义核心价值观的基本要求，健全各行各业规章制度，完善市民公约、乡规民约、学生守则等行为准则，使社会主义核心价值观成为人们日常生活的基本遵循。有很多制度，我们需要关注的主要是干部人事制度和利益分配制度。前者是分配权力，后者是分配财富和利益。如果我们能在这两种核心制度安排上真正体现社会主义核心价值观，就会在践行社会主义核心价值观上迈出实质性的一步。当今，在价值观问题上出现的种种乱象，其深层根源之一，与这两种制度的某种扭曲有关。如果在干部人事制度和利益分配制度上缺乏公平正义，就很难让民主、和谐、平等、公正、敬业、友善等价值观落地。

再次是政策制定。制度是刚性的，政策是看得见、摸得着、见效快的。政策也是我们党的生命线，是我们的优势。如果我们在各项政策的制定上能较好体现社会主义核心价值观，并认真落实执行，就会使社会主义核心价值观在实践上向前推进一步。

第四是具体措施。这种具体措施，在党和国家层面，就是要采取切实有效的措施，真正破解人民群众关心的难题，真正解决人民群众关切的切身利益问题，从而真正使社会主义的本质和优势得到充分发挥和体现；在社会层面，就要建构一种能让人们各尽其能、各得其所、和谐相处的社会秩序和社会环境；在个人层面，就是使每个人充分认识到，个人在核心价值观上的实践努力和担当绝不是微不足道的，而是对践行社会主义核心价值观具有推动作用的；也别总把违背社会主义核心价值观的行为和现象都怪罪到制度和体制上，为个人推卸责任。

最后是坚持环境建设与领导垂范的统一。人改造环境，环境也改造人，社会环境的改变和人的活动是一致的。领导干部和人民群众是改造社会环境的主体，尤其是领导干部，在践行社会主义核心价值观中能起到率先垂范的作用，不仅有利于改造不好的社会环境，而且也有利于引领人民群众去践行社会主义核心价值观；如果我们工作生存生活于其中的社会环境能得到良好的改变和改善，也会有利于人们更加自觉地去践行社会主义核心价值观。习近平总书记指出，榜样的力量是无穷的，广大党员、干部必须带头学习和弘扬社会主义核心价值观，用自己的模范行为和高尚人格感召群众、带动群众。

（光明网记者 章丽鋆、蒋正翔整理）

国际视野下的中国道路

第十五场

扫码查看视频实录

时　　间：2015年3月26日

地　　点：凤凰国际传媒中心

嘉　　宾：张维为

嘉宾介绍：张维为，复旦大学特聘教授、中国发展模式研究中心主任、上海社会科学院中国学研究所所长。曾当过三年工人。复旦大学外文系毕业，日内瓦大学国际关系硕士、博士。曾任牛津大学访问学者、日内瓦外交与国际关系学院教授、日内瓦大学亚洲研究中心高级研究员和国内多所大学的兼任教授。

精彩观点：

★ 中国道路有千年文明的积淀，中国崛起是一个文明型国家的崛起。

★ 我们对西方可以平视，不要再仰视，平视最大好处就是可以看得比较清楚，不会被忽悠。

★ 世界从来就是百花齐放的，各自道路之间互相借鉴、互相学习、互相竞争。

　　国际视野下的中国道路，从核心价值观的角度来讲，它涉及富强、民主，文明，爱国等很多方面的内容。今天我想从自己研究的角度切入，从国际视野的角度，来谈谈国际比较下的中国道路。

中国崛起需要道路自信

谈起道路自信，我想先从高铁之争说起。2011年我出了本书叫《中国震撼》。那年夏天，我在上海图书馆做过一个演讲，现场一位媒体人提了个比较尖锐的问题：难道"7·23"甬温高铁事故也是中国震撼吗？政府为什么不向老百姓谢罪？我当时是这样回答的：首先，这是一次动车事故，不是高铁事故，动车和高铁的速度是不一样的。这场事故当然是一个悲剧，但我们一定要看到，动车在中国大地上已经安全运行了五年，看火车的安全记录，要实事求是。中国一个春运的铁路运载量恐怕比整个德国十年的运载量都要大，中国的铁路安全记录在世界上当然是最好的之一。

最近看到一个案例，台北要建一条链接桃园机场的51公里长的地铁，他们叫"捷运"，1996年始建，到现在还没有建完。台湾采用了美国模式，结果导致了"否决点"太多。这期间台湾换了13位交通部长，这哪是在做事业？ 1996年到今天，将近20年了，北京、上海都建了十来条地铁，中国建成了世界上最大的高速公路网、高铁网，孰优孰劣，一目了然。

从国际视野上看，中国的崛起，虽然从发展模式上来看不尽完美，发展过程中也付出了代价，但中国道路、中国特色社会主义道路是经得起国际比较的。我们可以把我们取得的成绩同世界上其他国家比较一下，我们可以把世界上国家分为三大类：发展中国家、转型经济国家、西方国家。比较之后得出一些慎重的结论。

首先与发展中国家比，我们可以毫不夸张地说，中国所取得的成绩，超过了其他所有发展中国家的总和。发展中国家面临最大的问题都是消除贫困，而中国在消除贫困方面是做得最好的，因为世界上80%的贫困是在中国消除的。如果没有中国扶贫成绩，今天，世界的贫困现象只会有增无减。这两年我有机会考察了贵州、云南、四川等地的贫困地区，考察之后我得出一些不同的结论，实事求是地讲，在发展中国家，如果没有进行土地改革，土地一直掌握在少数的大地主手里面，农民是富不起来的。中国道路包括了土地改革，所以我们的农民有房子、有土地，这是和其他发展中国家的最大的差别。

现在我们国内还有8000多万贫困人口，我们2011年提高了扶贫标准，但这种标准只计算货币化的收入，并不计算农民事实上拥有的土地和房产。我去过贵州贫困地区农民家里，发现农民的温饱问题已解决，只是缺钱。其实，到世界上任何一个发展中国家去考察，他们所谓的贫困不只是没有钱，更多的是吃不饱，饿肚子，没有土地，没有房产，印度就是这样的情况。依我之见，中国贫困地区的多数农民兄弟，如果到印度或者埃及，大概可以算是中产阶级了。

其次是转型经济国家，主要指前社会主义国家，中国的成绩应该说也超过了所有转型经济国家的总和。举例来说，1991年苏联解体时，当时俄罗斯的经济规模比中国还大。今天俄罗斯的经济规模大约是中国的五分之一。中国今天仅外汇储备一项，总额已近四万亿美元，这比包括俄罗斯、中欧东欧、中亚五国在内的其他转型经济国家GDP总和还要大，而这只是外汇储备一项，不算其他的。

再次是西方发达国家。我自己在西方长期生活过，在欧洲生活了20多年，走访了所有的西方国家，连冰岛都去过了，我可以做一个客观的比较。我们现在已经形成了一个发达板块，我称之为"准发达国家板块"，这个板块的人口和美国相当，三亿多人。这个板块里，硬件水平已经超越了多数西方国家，特别是超越美国，无论是机场、码头、港口、火车站甚至是商业设施都超过了。软件的核心指标包括婴儿死亡率、人均寿命、社会治安等都比美国要好。当然，我们也有不如人的地方，需要向别人学习的地方，但总体上我们可以平视我们的对手，平视是为了防止被忽悠。最近我有一个演讲视频叫"中国人，你要自信"，在网上推出的当天点击量就超过130万。我在视频中提到，一次我在上海做讲座时，一个青年教师问我"张老师你的讲座给人一种感觉：中国人似乎生活得都很幸福，那么为什么这么多中国人要移民？你能不能劝他们不要移民，呆在中国？"我是这样回答的，"你问对人了，我不会做这样的傻事情，我会鼓励他们移民，真的，中国移民的人数太少。"官方统计数字，连续三年，每年在19万左右。一个小小的波兰，还是所谓的民主国家，人口才四千多万人口，2013年移民50多万。我说，"我曾做过一个小小的研究，得出的结论很有意思，至少70%的人出国以后变得更加爱国，不管他是否加入了外国籍，所以千万不要担心这个问题，一出国，就爱国，效果比书本教育还好！"

现在还有很多关于美国的神话，实际上美国是一个由三个世界组成的国家，如果你不幸地坠入美国第三世界，恐怕命运和在非洲大陆差不了太多；如果你能通过自己的辛勤努力进入到所谓的中产阶级，即第二世界，你也可以问问自己，过去20年你的实际收入有没有增长？如果你买了房子，房子有没有增值？你对自己未来在美国退休的生活有没有信心？以我对美国的了解，估计70%的人回答是否定的。我读过美国诺贝尔经济学奖获得者斯蒂格利茨的分析，他认为美国男性的中等工资收入，还停留在25年前，即1989年的水平。坦率地讲，很多当初离开中国的人，离开的时候还算个中产，今天回来的话，可能已经是弱势群体了，他们错过了中国崛起的大潮。

中国是个超大型的国家，如何准确地认识和把握中国不太容易。我们经常听到的表述是，中国发展非常快，经济总量已经超过日本成为世界第二,但是如果按人均 GDP 算的话,我们还很低,可能排在世界80、90位左右。在我看来,中国这么一个超大型的国家,简单用人均 GDP 来计算的话恐怕说不清楚,非洲有个赤道几内亚,人均 GDP 早就是2万多美元,但是首都一半居民连自来水都没有,所以人均 GDP 之外还有其他因素。

读懂中国的新视角

我个人认为,读懂中国这个超大型的国家一定要分板块,然后看两个板块是如何互动的。中国今天主要是两大板块,一个是发达板块,一个是新兴经济体板块。新兴经济体板块主要指我们的中西部地区,实际上多数地方已经超出了一般发展中国家的水平。这两大板块之间实现了高度的良性互动,这就是中国崛起的秘密。中国的机遇也因此而比世界上其他国家要多很多。

第二个通过购买力平价来计算。购买力平价就是货币究竟能买多少东西,我们政府不太愿意用这个方法,觉得这个会过高的估计我们。但是我多年来一直认为购买力平价比官方汇率计算更准确,当然没有一种计算方法是十全十美的。其实,美国中央情报局从来都是用购买力平价来计算的。如果按照购买力平价来计算,国际货币基金组织认为,2014年的中国经济规模已超过美国。

第三是家庭净资产。老百姓究竟多少家底,我觉得这个特别重要。美国的家庭净资产中位水平,也就是50%比这个高,50%比这个低,是7.73万美元,折合人民币大约为47万。美国是债务型国家,政府靠借钱消费,而且恐怕永远也还不清这些债了,美国家庭也是债务消费,所以中美文化完全不一样。如果把借贷全部去掉,计算家庭的净资产,也就是把债券、股票、储蓄、住房等加在一起,美国家庭的净资产并不是很高。那么中国呢，2010年城镇家庭的中位水平是40万多一点，大约等于6.63万美金。大家可能注意到，我没有把中国农村家庭放进去，为什么？农村家庭低很多，一个重要原因是农村家庭的土地现在无法定价，不知道值多少钱。所以用我们城镇人口的水平与美国比也是公平的，毕竟我们的城镇人人口有6亿多，是美国人口的两倍。不管我们存有多少问题，中国人财富增长的速度人类历史上罕见，中国的整体面貌出现了翻天覆地的变化。

还有一个是人均预期寿命。中国现在人均寿命是75岁，美国是78岁，只比中国高3岁，但中国人口是美国的四倍，中国发达板块的人口寿命是78—82岁，比美国的人均寿命平均要高，北京和上海都是82岁，而纽约是79岁，这还是美国最高的。这些说明，中国取得了巨大的进步，有了这样的成绩，我们完全可以平视西方的。

为什么从人均GDP来看，美国还是比中国高很多，但双方的家庭净资产和人均寿命差别并不是很大？这恐怕有几个原因，一是我们GDP计算方法有问题，低估了自己。我们有很多东西不计入GDP，我们农村大量经济活动从不进入统计。美国不一样，美国人说，两个东西是美国人一生所逃避不了的，一个是死亡、一个是税。香港"占中"爆发的时候，一些媒体采访我，认为一场颜色革命爆发了，很快会拓展整个中国大陆，我直白地告诉他"这是错误的地点，错误的时间发生的错误的运动，失败的概率为100%。"道理很简单，香港各种民调显示，70%—80%的人关心的是民生的改善，比如住房的改善。今天内地多数城镇的住房水平，恐怕都超过了香港。所以现在讲中国道路自信是有本钱的，不害怕比较，我们有自己的问题，问题也可以比较，但是我们的成绩是人类历史上前所未有的。

文明型国家的崛起

理解中国道路,一定要理解其背后的文明。中国是一个文明型国家,是一个没有中断的五千年古老文明和一个超大型的现代国家结合在一起,这在世界上独一无二。我们知道,古埃及文明,古印度文明,古两河流域文明,由于种种原因都中断了,只有中国文明没有中断,延续至今,我们中国人都是生活在自己土地上的原住民,这个非常重要。

为什么提这个概念?有什么特别的意义?五千年不断的传统意味着什么?我觉得,它意味着很多东西是自己传统和文化基因决定的,它意味着我们做的事情不需要西方人认可,就像中国人讲汉语,不需要英语来认可;就像孔夫子不需要柏拉图来认可;我们的宏观调控不需要美联储来认可;中国特色社会主义也不需要美国特色的资本主义来认可。我们知识界不少人最大问题是不自信,总觉得要西方认可才行。实际上,我们很多东西都不需要别人的认可,随着中国的进一步崛起,将会出现我们认可不认可别人的问题,所以中国人一定要自信。

文明型国家主要的特征是四个"超":超大型的人口规模,超广阔的疆域国土,超悠久的历史传统,超丰富的文化积淀。我先简单地解释一下超大型的人口规模。中国是世界上人口最多的国家,但是只有在国际范围内横向纵向的比较中,才能更好地理解这个概念。我们春运现在基本上稳定在每年30亿左右人次,这是什么概念?这大概意味着在一个月里面,你要把整个南北美洲、欧盟、日本、俄罗斯和非洲的人口,从一个地方挪到另外一个地方,中国面临的就是这样这么一种规模的挑战。没有任何一种其他政治制度,或者治理方式,能够很好地应付这样挑战。中国基本上做到了,这很不容易。

治小国跟治大国不一样,超大型的国家更不一样。历史比较也是这样。美国独立的时候人口两三百万,当时主要在东部13个州,达到美国现在这个版图的时候大约是1848年,当时美国打败了墨西哥,吞并了加州,美国当时的人口是两千多万,就是北京今天的人口规模。那个年代都是农业经济,最大的资源是土地,所以可以说当时美国的白人,按照中国标准,都是超级地主了。一个国家资源多,权利也讲得多,自由也讲得多。中国人均资源少,一个村庄里面甚至为了井水的分配都会打起来,所以我们的文化比较重视能够主持公道、解决问题的第三方,这个责任往往由政府来承担。所以中美是两种政治文化,由背后的人均资源的差异形成。当然人均资源少,不一定是坏事,中华民族数千年生活在这一块土地上,活得有滋有味,有自己的方式。比方说,"人气"这个概念老外一般听不懂,你建再好的房子,没有"人气"是卖不掉的,"人气"这个词英文很难翻译。还有中国的餐饮,太丰富了,大的就有八大菜系,这和人均资源相对短缺带来的餐饮创新和革命有关,中国人一出国,就爱国,爱国大概首先从中国人的味蕾开始。同样,超广阔的疆域国土,超悠久的历史传统,超丰富的文化积淀都有它特定的含义,这些都是中国崛起的重要方面。

中国道路背后的制度安排

下面我想讲讲中国道路背后的制度安排。这个问题一定要讲清楚,现在西方和国内亲西方的势力,对中国政治制度的批评,用的都是西方话语,认为我们的制度不行,最后一定要转到西方制度。

"文明型国家"的制度安排,我把它叫作"一国四方","一国"就是文明型国家,"四方"就是四个方面的制度安排。

第一是中国的政党制度。西方指责中国最多的就是"一党制",为什么不能换一个党来执政?虽然西方共和党、民主党等都叫党,但中国共产党这个党,跟西方的政党没有任何共同之处,虽然都叫党,但意义完全不一样。西方的政党是公开代表部分利益的政党,然后通过法治条件下的竞选来执政。

中国跟西方情况完全不一样,中国历史上两千多年,自秦始皇统一之后绝大部分的时间内,都是统一的儒家执政集团执政,比较注重民生和社会的整体利益,中国一直是这样的传统。我跟西方学者解释说,如果一定要套用"多党制""一党制"来分析中国的话,那我可以说,过去两千多年中国都是"一党制",而这期间的四分之三时间,中国是领先欧洲的,甚至是远远领先的。文明型国家的最大特征是什么,我叫作"百国之和",也就是成百上千的国家慢慢整合起来的,这样的国家如采用西方政治制度,那多半就等于选择自杀,国家会迅速走向解体。

第二,我们的政党背后有红色基因,这很重要。中国人民为自己的民族独立所付出的代价,百倍于美国人为美国独立付出的代价。所以邓小平讲,能够经历了这样的长时期斗争,没有人民的支持是不可能的,这也是我们道路自信一个很重要的方面。

第三,中国共产党具有高度的现代化导向和目标。所以中国共产党这种政党制度的安排包含了历史基因、红色基因和现代元素,可以叫"三合一"。

再讲讲协商民主。民主也是我们核心价值的组成部分,民主究竟怎么搞,我觉得应该区分实质民主和程序民主,两者都很重要,但实质民主更重要,实质民主就是民主所要实现的目标,即代表广大人民的利益,实现良政善治,对人民的需求及时作出回应。我们可以比较一下,全国人民代表大会和美国国会讨论的议题,我们每年做大量的民调,老百姓关心的住房、医疗、养老、保险、三农等主要问题就是人大讨论的问题。美国不是的,美国国会讨论的问题,是由高度组织起来的利益集团通过游说组织来设定的。

我们已经生活在21世纪了，生活在网络时代了，了解老百姓最关心什么问题并不难。找三个具有公信力的民调机构，把民调的结果互相参照对应一下基本上就知道了，然后就这些问题进行民主协商，寻找解决的方法。

我想中国之所以侧重于协商民主，重要的原因是中国的人口规模。如果是一个小的国家，政府通过一个决定，这个决定90%的人支持，10%的人反对，那就是压倒性的胜利，政府不用在乎那10%的人的意见。但是在中国这样的国家，即使10%的人反对也是一亿三千多万，我们还是要尽量把反对的力度降低一些，所以我们追求协商民主，我想这是关键的原因。

还有就是选贤任能。讲道路自信，必须讨论国家领导人产生的问题。十八大的时候，《纽约时报》刊登了我的一篇文章，题目是"选贤任能挑战西方民主"。我讲了一个很简单的道理，中国的最高执政团队是怎么产生的？基本要求是担任过两任省委书记，至少治理过一亿人口。习近平治理了三个省，人口一亿两千万，经济规模几乎接近印度三个省加在一起，治理过这么大一个板块之后才进入政治局常委，再给他五年时间熟悉整个国家政治经济军事社会方方面面，然后才出任最高领导人。我个人觉得这个模式实际上是最具有竞争力的模式，我们是通过尽可能多的努力来找到比较能干的、经得起考验的领导人。

最后是混合经济，我们叫作社会主义市场经济。我们还在不断地完善这个模式，但我想强调一点，就是我们从1994年提出搞社会主义市场经济之后，还没有经历过西方意义上的金融危机、财政危机和经济危机，这一点本身就很能说明问题。一场金融危机给美国百姓带来的创伤巨大。我认为2008年美国的金融危机给美国老百姓财产造成的创伤实际上超过了中国"文化大革命"给老百姓财产带来的创伤。所以仅此一点，我们就可以肯定我们这个模式，先肯定，再改进。我们现在叫做市场在资源配置中起决定性作用和更好地发挥政府的作用，我觉得这个是比较靠谱的，也就是有效市场加上有为政府，我觉得这是对中国经济模式一种比较简单的概括。

实现中的中国梦

我们现在都在讨论实现中国梦，中国道路保证中国梦的实现，这里我想讲几个方面对美国的超越。一是经济总量的超越，这个现在看来疑虑比较少了，如果是根据官方汇率计算的话，我们的GDP总量，十年之内应该超过美国了。如果按购买力平价比较的话，去年已经超过了。二是百姓财富的超越，中美双方的中位收入水平家庭净资产的差距，已经不是很大了，而发达板块已经超过了美国。三是社会保障的超越。美国现在还有五分之一到六分之一的人口没有任何医疗保险，美国医疗保险太贵了，起码500美金一个月，而且医疗保险是私营的，不是国家的，不能亏本而是要赚钱的。2013年美国平均的养老金是每月1200美金左右，在中国这个数字不算低，但1200美金在美国是难以生存的。如果你有房产，房产税一般要占到房子价值的2%，美国老人普遍退休后还工作是常见现象。与中国比较，不说我们做的十全十美，但是我们已经实现了医疗保险几乎13亿人的全覆盖，退休金方面也进步巨大。虽然中国各地差异巨大，社保水平也有高有低，可是这么快就做到了医疗保险和养老保险几乎全覆盖，这是走中国道路的结果，是我们制度优势的体现。

还有就是政治制度的超越。这里讲一下三种力量的平衡和"三合一"的制度安排。一个国家的政治制度，它的好坏怎么样来衡量，我觉得是三种力量的平衡。现代社会、现代化国家的良性运作，不仅是政治领域内的事情，也是经济领域和社会领域的事情。所以我说这背后是三种力量，即政治力量、社会力量、资本力量之间的平衡。美国现在最大的困境就是资本力量主导了政治力量和社会力量。如果是跟中国比较的话，也可以这么说，最富的100个中国人不可能左右中共中央政治局，而最富的20~30个美国人可以左右白宫。中国自改革开放以来，社会力量随着新媒体的发展大大加强了。同时，我们的资本力量也在每时每刻地影响中国共产党。但至少到现在为止，共产党还是能够代表中国绝大多数人的利益的，这是最关键的。在资本力量、社会力量面前，它保持着自己相对的中立性和独立性。这很重要。我当年给邓小平做翻译，后来也研究邓小平的思想，他当时讲过很多次我们还在探索什么是社会主义，但有两点他从未放弃过，一是党的领导，二是公有制占总体，但公有制的形式可以多样化。现在回头看，这两条就是邓小平的底线思维，只要这两条在，不管探索社会主义的过程中出现什么样的问题，我们都可以解决。共产党把握人民的整体利益，公有制使我们有财力来进行纠偏。

所谓"三合一"的制度安排，就是说，我们现在成功的制度安排中，都包含了中国自己文明传统的基因、红色基因和西方的有益元素。比方说选贤任能，选贤任能在历史上的体现，如科举制度，通过考试来选拔官员，这个传统一直到现在。同时，也有社会主义因素，包括组织部门的安排，不同岗位的考验、锻炼等。另外，西方的有益元素，如民调和选举。我把这种制度安排概括为"选拔+选举"，这种制度安排，虽然还要完善，但已经超越了西方光是靠"选举"的制度。

最后，我的结论是，说到底，实际上是两种历史逻辑在起作用。一种是"历史终结论"的逻辑：历史发展是单线的，从极权主义，到威权主义，到民主化。另一种是文明型国家的逻辑，即历史上中国长期领先西方，有其深刻的原因，我把它叫作原因一。十八世纪开始落后于西方，有着沉痛的教训，现在又在赶超西方，而且总体上做得比较好，当然还可以做得更好。这种成功的赶超也有其深刻的原因，我称之为原因二。原因二和原因一是一种继承关系，这就是中国崛起的逻辑。从哲学角度来讲，中国人认为，这个世界历来都有不同制度在衍生，相互学习、相互借鉴，当然也有剧烈冲突的，最后是相对比较好的胜出。

（光明网记者 章丽鋆、蒋正翔、康慧珍整理）

第十六场

因爱坚守，
让青春在麻风村闪光

扫码查看视频实录

时　　间：2015年3月31日

地　　点：光明日报社

嘉　　宾：归婵娟

嘉宾介绍：浙江省皮防所上柏住院部护士，团总支书记。浙江省皮肤防治研究所上柏住院部被当地人称为"麻风村"，归婵娟从嘉兴学院医学院毕业后进入"麻风村"，一待就是十年。这十年间，归婵娟和十几个"70后""80后"的伙伴，一直精心照顾着手脚残缺、鼻塌眼瞎的麻风休养员。她自己也从娇生惯养的"娇小姐"成长为全国青年文明号号长。

精彩观点：

★ 越来越分不清病人和亲人，越来越分不清工作和生活。我们的生活还是那么单调，可我们的人生却越来越丰富。

★ 只有偏僻的山坳，没有偏僻的人生，山坳里的人生照样出彩。

★ 接受病人的吃请，在社会上被视为医疗不正之风，但在我们麻风村，那是需要一定勇气的。

我叫归婵娟，是浙江省皮肤病防治研究所团总支书记、上柏住院部主任助理和全国青年文明号号长，我最本职的工作是一名护士——麻风村的护士。很高兴今天能有这样的机会跟大家说说麻风病和麻风病人，说说我们这帮年轻人跟麻风病人的故事。

也曾纠结彷徨，终究为爱坚守

麻风病是人类最古老的慢性传染病之一，已流行了4000多年。患者患病后会产生不可逆的畸残，遭到周围人的歧视、遗弃。

不仅麻风病人会受到歧视，就连麻防工作者也可能受到不公平的对待。20世纪50年代初，麻防前辈们下乡普查，老百姓不让住店，只能住茅草棚，甚至还住过破庙，但他们依然坚持不懈地将工作开展下去。还听说有位老医生在自己身上注射麻风杆菌，就为了研究麻风病。正是他们甘于平凡、无私奉献的精神感染了一代又一代麻防人。

上柏住院部地处离德清县城13公里的金车山脚下，是麻风休养员医疗保健服务与重症麻风病人治疗康复的一线科室，也是全省最大规模的麻风疗养院。在这里，十几位以70后、80后为主的医护人员为了麻风病人默默地奉献着。

也许你会问：什么是麻风休养员？这是一群麻风病治愈后留下畸残的人，是一个弱势、边缘的特殊群体。现在我们村里的休养员，年纪最大的90岁，最小的40岁，平均72岁。我们的工作就是为这80名无家可归或有家难回的麻风休养员和重症麻风病人提供医疗康复服务。

与许多年轻人一样，毕业那会儿，我想象着能有一份体面的工作和舒适的工作环境。刚被分配到上柏住院部时，我彻底懵了。要成为一名麻风病院的护士，我感到恐惧。接下来几天，我忐忑地跟着护士长去巡房，用手套、口罩把自己裹得严严实实，拿着盐水、针管、纱布穿行在一排排病房之间。腿走酸了，手晒黑了，人变瘦了。我想过逃避，想过离开。在卫生战线工作了30多年的老爸说："我相信你，一定行。"在麻风村待了30多年的老护士长对我说："你看到的只是他们的外表，你真正体会他们的内心吗？"我开始尝试着去感受他们的善良，慢慢发现：即使他们没有手脚，但他们的笑容是最纯真的；即使他们没有眼睛，但他们的听觉是最灵敏的；即使他们不能行走，但他们的话语是最亲切的。

失明大娘读懂我的脚步声

张爱凤大娘因麻风病而双目失明，常年卧床不起，我每天要去给她喂药。有一天，我头有点晕，脚步犯飘，刚走进张大娘的病房，她就问："囡囡，你哪里不舒服？走路这么没力气，该回去休息啊！"

要知道，张大娘什么也看不见啊！可她每天都在听、在等我的脚步，甚至读懂了我的脚步。

那天，我惭愧得睡不着觉。突然间，我觉得自己长大了。从那以后，不管是喂药还是拔睫毛，我觉得都很有意义。我还经常陪休养员聊天，做他们的开心果，让他们感受到人间的亲情。

收获真爱，是对青春最大的奖赏

护士刘盾有个当老师的男朋友，不满意刘盾的工作，提出要么辞职，要么分手。因为在麻风村工作，刘盾已经失恋过一次。这一次，她依旧选择留下。男朋友非常好奇：是什么样的一份工作，让她愿意舍弃爱情，选择坚守？一天，男朋友偷偷跟着刘盾来到麻风村。当他看到刘盾像照顾爷爷奶奶一样地照顾麻风休养员时，这个一米八的东北汉子一下子红了眼眶，躲到角落里偷偷擦眼泪。那天晚上，他写了一封特殊的情书："盾盾，在如此浮华的社会，你能数年如一日守在麻风村。你的善良，值得我一辈子拥有。我，娶定你了！"

刘盾的爱情让我们感慨：不去爱永远不会被爱。我们对麻风休养员付出的爱，让自己同样收获了爱——这不正是对青春的最大奖赏吗？

接受麻风病人"吃请"的勇气

接受病人的吃请，在社会上被视为医疗不正之风，但在我们麻风村，那是需要一定勇气的。

有一次，麻风休养员徐阿土过生日，包了饺子，特意邀请我们一起去吃。阿土把饺子举到我们的嘴边，至今我还记得他的眼神——有那么些羞怯，还有很多期待，纯真得像个孩子。我实在没有勇气拒绝，嘴边的饺子几乎没嚼就吞了下去。至今，我都不知道那是什么馅儿的。看到我真的吃了饺子，阿土的表情发生变化了，先是愣愣地看着，接着突然大哭起来。一个男人，在他50岁生日的那天咧着嘴大哭，在旁人看来简直是不可思议的事情。但是，阿土说，他过了有生以来最难忘的一次生日。

在麻风村的日子里，我们变得越来越分不清病人和亲人，越来越分不清工作和生活；我们变得爱哭，却越来越坚强。我们的生活还是那么单调，可我们的人生却越来越丰富。

"我把自己当成鬼，只有你们把我当人"

每个麻风病人都有段辛酸的往事。我们非常希望用自己所学到的知识来帮助他们，用爱心去呵护他们，让他们享受到温暖和真情。

曹大妈是麻风反应病人。刚送来的时候，因为药物色素沉淀的缘故，她全身发黑，眼神呆滞，从来不开口说话。但我知道，自闭的病人内心也渴望交流。我每天给大妈溃疡的伤口换药，为了不增加她的痛苦，我用生理盐水沾湿，一点一点地将衣服剥离，每次都要花上很长时间。在这段时间里,我会跟她讲我听到、看到的有趣的事。直到有一天,我正趴在床上给大妈换药,从不开口的大妈突然哭了。她说:"我把自己当成鬼,只有你们把我当人。"那一刻,我和大妈一起心酸流泪。泪水冲刷的不仅仅是她心里的委屈,更是曾经的绝望。看到她脸上重新洋溢着生命的光彩,我知道,大妈找到家了——家的温暖,让生命之花重新绽放。

只有偏僻的山坳,没有偏僻的人生,山坳里的人生照样出彩。我们的工作虽然普通,但我们用敬业的精神赢得麻风休养员的信任,用诚信的服务赢得麻风休养员的认同,用友善的态度赢得麻风休养员的赞赏。我们把青春奉献给麻风村,用爱坚守,以此展现我们怀抱梦想、奉献青春的人生追求,用实际行动践行着社会主义核心价值观。

(光明网记者 章丽鋆整理)

我们和西部有个约定

第十七场

扫码查看视频实录

时　　间：2015年4月16日

地　　点：山东青年政治学院

嘉　　宾：河北保定学院西部支教团队先进事迹宣讲团

嘉宾介绍：2000年，保定学院15名毕业生响应国家西部大开发号召，怀揣理想，带着户口选择到万里之遥的新疆且末县中学任教。截至2014年，保定学院已有107名毕业生在新疆、西藏、贵州等西部地区基层工作。虽然条件艰苦，但十几年来没有一人退缩，全部扎根在西部大地，参与见证了西部的改变和发展，用奋斗的青春和泰然的坚守印证了"只有荒凉的沙漠，没有荒凉的人生"，用实际行动为社会主义核心价值观做了生动、感人的注解。

精彩观点：

- ★ 一群年轻的学子走出母校大门，走向戈壁大漠，走向雪地高原，稚嫩的双肩扛起了郑重的承诺。
- ★ 时间是最有力的证明，用自己十余年的坚守证明，扎根西部的青春与梦想，能绽放出最灿烂的光华。
- ★ 因为热爱，我们愿意选择坚守；因为热爱，我们愿意担起师者责任，并一生为此努力。

古城保定已有2300多年的历史，从古至今，有很多仁人志士。历史的天空映照着今天的我们，在保定学院百年育人史册上，同样英才辈出。20世纪初，保定二师学生的爱国热血感动了中华民族，而当历史的脚步刚刚迈进21世纪，一群年轻的学子走出母校大门，走向戈壁大漠，走向雪地高原，稚嫩的双肩扛起了郑重的承诺。2014年五四青年节前夕，习近平总书记致信这个群体，体现了党中央的高度肯定。

在大漠深处，他们长成了一排胡杨

刘世斌（保定学院外语系党总支书记）：人的一生中总会有一些无法忘怀的记忆，于我而言，新疆便是。15年前的那一幕，至今仍记忆犹新。2000年的夏天，我受学院党委委派，护送我院15名同学奔赴新疆且末县，那里是他们走出大学校门的第一站。

硬座车厢，拥挤简陋，漫长的旅途，窗外单调的景色，不断稀释着这群孩子美好的憧憬，随之而来的是疲惫和枯燥。

到了库尔勒，大家一头扎进宾馆休息。第二天，换乘汽车，横穿塔克拉玛干沙漠。经过300多公里的跋涉，我们到了大漠的最深处——塔中。猛一抬头，看到了路边高高竖立的牌子，一些同学念出了声："只有荒凉的沙漠，没有荒凉的人生。"

经过5天4夜的辗转奔波，我们走完了5000公里的漫漫征程，到达了向往已久的且末。尽管学校早已做了细致的准备，但依旧无法掩住这所学校的简陋：几排平房，泥土地面，剥落的墙皮。但是他们很快融入其中，和班里的孩子们打成一片。

完成护送任务，当我满是担心和他们告别时，在校门口，他们站成一排手挽着手，向我高喊："老师放心，母校放心，我们在这里一定会好好的！"透过车窗，我看到了他们眼里的泪花。他们将紧握的手高高举着,那分明是在宣誓:青春无悔!他们,俨然是大漠深处坚韧而顽强的胡杨。

大爱传道 立德树人

赵云耕(保定学院思想政治理论课教研部主任):我至今珍藏着王伟江到且末之后,第一个教师节写给我的信:"且末二中的教学条件太艰苦,现在建超教初一7个班,我教初二6个班,还有初三2个班。据说明年的教学条件就好了,老师您放心。"

每当我读起这封信,思绪就会回到2000年暑假前那个酷热的上午,体育系学生王伟江和女友王建超来找我,告诉我他们响应学院党委号召,想去新疆支教。我鼓励他们,只要有志向、有梦想,不论走到哪里,都会闯出一片新天地。

刚到且末时,他们住的宿舍是平房,门窗密封不好,每次沙尘暴袭来,宿舍里的锅碗瓢盆、床单被褥上都是厚厚的一层土。

气候毕竟能够习惯,而最让他们揪心的,是结婚第三个年头降生的孩子。为了全身心地投入教学工作中,王建超把刚满7个月大的孩子送回老家,这一别就是两年多。

南疆的风沙磨砺,母校和父辈的期望,给这对年轻的夫妻增添了些许沧桑,也让他们取得了成就。支教以来,他们先后荣获州、县、校三级总计25项荣誉,王伟江还被提拔为且末中学总务处主任。王伟江说:"我和建超没有什么感人的事,就是普通的教师,教书育人是我们的本职工作。"

盛开在雪域高原的格桑花

刘玲娣(保定学院中文系教师):司会平是我校2003届毕业生,她是一个普通家庭的孩子。入学时，因为家里困难，父亲向许多亲戚和乡邻借钱依然没有凑够学费，是国家助学贷款帮助她完成了学业。毕业前夕，得知西藏教育部门来招聘教师，她毫不犹豫地报了名。

但她的母亲知道后坚决不同意，经过认真的思考与权衡，司会平最终还是选择了去西藏。无奈伤心的母亲没有来送女儿，临别前，司会平走到我面前轻轻地说，"老师您能抱抱我吗？"我知道，那是女儿对母亲怀抱的渴望，我把她紧紧地搂在怀里。

一别就是11年。当我们再次相拥时，我怀抱中的孩子，已经成长为日喀则地区的"教学能手""汉语教学带头人""国家级骨干教师"，是藏族孩子们的"汉族妈妈"了。

世上哪个父母不爱儿女？哪个儿女不念双亲？在这个西部支教群体中，他们都是最有孝心的儿女，也是最有爱心的父母。只是，他们把最大的孝与爱，献给了西部边陲的父老和孩子，献给了神圣的教育事业，献给了我们伟大的祖国！

用坚守实现梦想

李桂枝（新疆且末中学教师、保定学院毕业生代表）：2000年，有1000多名学生的且末中学只有40多名老师。当辗转5天4夜的我们终于到达且末县时，看到排着整齐队伍，满面笑容迎接我们的师生，立刻有一种到家的感觉。

庞胜利，保定学院2000届政教系毕业生。毕业前夕，他已经在涞源县联系好了工作单位。4月初，庞胜利把自己要去新疆的事情告诉了父亲，父亲一直沉默，母亲去世后，父子俩相依为命。可最后，庞胜利还是踏上了西去的列车。

荀轶娜，保定学院2003届英语系毕业生。刚来且末时，她那圆润动听的嗓音,流利的英语吸引了所有的学生。由于学校英语老师短缺,她一个人带了3个班的课,每天至少连续上三四节课。学生们的成绩越来越好,可她的嗓子却越来越沙哑,由于一拖再拖,最后竟成为声带结节,再也无法恢复到以前的音色……

这样的故事还有很多。十几年来,一个个平凡的人用自己的付出,成就了边疆孩子们的梦想。因为热爱,我们愿意选择坚守;因为热爱,我们愿意担起师者责任,并一生为此努力。

做高原上最亮、最温暖的烛光

徐景星(保定学院党委常委、办公室主任):2000年5月,新疆维吾尔自治区且末县教育局的领导抱着试试看的想法来到保定学院招聘。曾经在别的省市吃过"闭门羹"的他们,没有想到保定学院的学生如此踊跃,几十人、上百人报名。且末县教育局的领导喜出望外,立刻向县里请示追加名额,最终确定了15名品学兼优的学生到且末县执教。

在他们的感召下,两年后的8月,保定学院的10名学子又出发了。"到西藏教书去"——这次他们的目的地是更加遥远的日喀则,一个海拔近4000米的地方。

一代代学子就是这样选择到西部,选择到艰苦的地方建功立业。他们用自己十余年的坚守证明着:扎根西部也能绽放出最灿烂的青春。

青年先锋 时代楷模

马丽娟(保定学院党委宣传部部长):因为工作关系,我跟西部支教的同学接触比较多。到底是什么原因让他们选择西部?又是怎样的信念支撑他们走过十几年艰苦的岁月?

闫俊良见证并参与了西藏南木林县的发展建设。他说:"不是没有机会回到内地，看着自己教过的孩子长大了，我真实地感受到自己人生的价值，所以我愿意一辈子在这儿教书。"

赵艳菊一直记得来新疆前父亲鼓励她的话："想去新疆就去吧，响应党的号召支援边疆，这是光荣的事。我们支持你！"在她的影响下，弟弟赵国宝2005年毕业后也来到新疆且末县中学工作。2009年，年近七旬的父母为了让姐弟俩安心工作，毅然把河北老家的房子变卖，也来到新疆。

今年寒假，我见到了在西藏南木林县一中任教的徐建旺。十几年的高原生活，使他面色黝黑，俨然一个地道的高原汉子。徐建旺的爱人王俊娟也是我校的毕业生，不幸患上了严重的紫外线过敏症，长期用药，她说自己是"装在套子里的人"。他们的孩子从出生就体弱多病，不忍看着孩子被病痛折磨，他们只能狠心地把孩子送回了河北老家。三年的假期，夫妇俩带着孩子四处求医看病。可每年一开学，他们都会准时出现在学生面前。

整理十几年来陆陆续续记下的文字，一张张熟悉的脸庞，一个个青春的故事浮现在我脑海中。同学们用不畏艰苦、扎根边疆的高贵品质，用倾心育人、民族团结的师者大爱，用矢志不渝的坚守、泰然自若的崇高境界，给了我最好的答案，也为我上了精彩的人生一课。

（光明网记者 康慧珍整理）

乡贤文化与核心价值观

第十八场

扫码查看视频实录

时　　间：2015年4月20日

地　　点：中南大学

嘉　　宾：胡彬彬

嘉宾介绍：胡彬彬，中南大学中国村落文化研究中心主任、博士生导师，湖南省政协第十一届常委。他被形象地称为"村长教授"，他花了三十年的时间，把中国传统村落文化的保护推向了国家文化保护战略，同时把中国村落文化研究引入国家人文学科领域。

精彩观点：

★ 敬祖先，重乡土，爱桑梓，培育乡土观念，成为族人、乡人、国人增强凝聚力的一种方式。

★ 提倡"新乡贤"文化，既是在延续传统文化中的精华部分，也是在新时代中践行社会主义核心价值观。

★ 乡贤所倡导的与人友善的价值观能教化一方，甚至在人格塑造方面，发生着深远而巨大的历史影响，直至今日还在深深地影响着村民们的行为。

"乡贤"一词，《汉语大词典》的解释是："乡里中德行高尚的人。"在漫长的中国历史进程中，一些在乡村社会建设、风习教化、乡里公共事务中贡献力量的乡绅或乡贤之士，也都被称为"乡贤"，由此而形成了乡贤文化。乡贤文化是根植于中国传统乡村社会的一种文化现象。它曾为中国社会的稳定、中华文明的传承起到了重要的作用，集中体现在建设乡村、改善民生、谋利桑梓等方面的群体追求和故乡情怀。

传统中国是一个以农村为主体的社会，每个地方都有自己乡贤，他们或以学问文章，或以吏治清明，或以道德品行而闻名。这些最容易引起当地人们的认同感，增强了地方社会的凝聚力。他们中有的人走出家乡，在外面发达之后，仍然与家乡保持密切的联系，并关注家乡的发展，为家乡出谋划策。即便是没有担任过官职的乡贤，他们在地方上也以其特有的身份、地位，维持乡间社会的礼仪和秩序，教化乡里，为一方百姓造福。

乡贤文化与核心价值观的关系

这样一个阶层，在乡村社会实践儒家的"进亦忧，退亦忧"的理念，传承着中国的传统文化，维系着传统中国乡村社会秩序。他们在地方上热心公益，保家卫国，造福一方；推行以儒家为主的社会价值观，维护乡村社会秩序的稳定。可以说，中国传统乡贤文化是当代中国社会主义核心价值观极其珍贵的思想资源。

社会主义核心价值观有着丰富的含义，但我们今天只谈"爱国、敬业、诚信、友善"，这四个关键词是社会主义核心价值观在个人层面的基本规范和要求。从乡贤文化来看，其中也包含着爱国、敬业、诚信、友善，它与社会主义核心价值观有着相同的终极追求。

简而言之，"善"首先是个体最重要的道德修养。孔子说："见善如不及，见不善如探汤。"孔子在后世被称为"大成至圣先师"，对整个东方文化都有着极为深远的影响。但是在当时，他只是春秋时鲁国曲阜地方的一个乡贤。今天我们如果以国际的视野来看，儒家之于中国，孔子则为圣贤。他的各种品质的塑造，与其自身对于"善"的培养分不开。正是在"善"的基础上，促进了他自我人格的其他方面得以不断完善。

我们认为，在社会主义核心价值观中，将"友善"置于最后，是因为它是一切价值观的出发点和基础。在实际的践行过程中，则应该反过来看，即从友善出发，进而为诚信，以此为基本原则，本分行事，即为"敬业"。做到敬业，其实就是在为国家作贡献，即是爱国。这四点，都是社会主义核心价值观在个人层面的基本规范和要求。每一个个体做好了这几点，社会层面的价值取向也就很容易达到"自由、平等、公正、法治"的目标，那么，国家层面的"富强、民主、文明、和谐"就实现了。

可见，这二十四个字的逻辑关系非常明显，所以我们按照"友善、诚信、敬业、爱国"的顺序，来具体地探讨一下乡贤文化与核心价值观之间到底有着怎样的关系。

友善

一般意义上，我们所说的友善，是指对事物或者他人的一种平和而友好的情感。友爱、互助、善良、正直、宽容、礼让、诚信等都属于友善的范畴，可见，"友善"与其他道德规范的内涵是有交叉的。

传统村落中的乡约、族规和家训等，都由当地的乡贤参与制定，带头遵守。其内容都是规劝人们在处理人际关系时，要做到友善。具体来说，包括家庭中的孝悌修身、主次尊卑、婚姻祭祀等，进而推及和睦乡邻、规避词讼、调解纠纷、严惩盗贼、保护环境等。

当时的地方官员也提倡制定乡约，促进社会和谐，并鼓励推举乡贤。明代的《南赣乡约》，就是王阳明在当地为官时撰写的。《南赣乡约》整体性纲领指出："故今特为乡约，以协和尔民。自今凡尔等同约之民，皆宜孝尔父母，敬尔兄长，教训尔子孙，和顺尔乡里。死丧相助，患难相恤，善相劝勉，恶相告诫，息讼罢争，讲信修睦。务为良善之民，共成仁厚之俗。"它详细规定了村民应该如何友善对待身边的亲人，并将友善的行为推及其他没有血缘关系的人。人与人之间和平相处，共同为乡间社会营造出一个良好的环境，于人于己都是有利的。如何才能彰显这些友善行为，最重要的是要有乡贤来领导。《南赣乡约》的具体细则第一条就说："同约中推年高、有德、为众所敬服者一人为约长，二人为约副，又推公直、果断者四人为约正，通达、明察者四人为约史，精健、廉干者四人为知约，礼仪习熟者二人为约赞。"这个"约长"、"约副"、"约正"、"约史"、"知约"和"约赞"，就是乡贤。

一些乡贤的友善行为，特别被当地人传颂，成为他人的榜样。乡贤的名声也许不出当地，但他们所倡导的与人友善的价值观却能教化一方，甚至在人格塑造方面，发生着深远而巨大的历史影响，直至今日还在深深地影响着村民们的行为。

2013年底，在陕西省铜川市的王家砭村，一辆货车侧翻之后，橘子散落一地。村民们自发前来帮助，将25余吨橘子全部转运到另外一辆货车上，帮助司机踏上路途。通过媒体报道，王家砭村被全国知晓，其实，王家砭村与人友善的风气并不是一天两天形成的。它与村里的一些乡贤的言传身教有关。比如，当时带头捡拾橘子的是热心于助人的老人朱北晨，他的品德在当地有口皆碑。1979年，村民的窑洞不慎坍塌，他及时施救；1995年，一辆装满蔬菜的小货车翻了，他组织村民帮忙把菜装上车……正是在朱北晨这些新乡贤的影响下，王家砭村才会不断地荣获"全国文明村"、"全国先进基层党组织"、"全国美德在农家示范点"等大大小小100多项殊荣。

诚信

"友善"重在一个"善"字，而"诚信"则重在一个"真"字。这是传统村落文化中教导人们为人处世的两个基本原则，并不存在孰轻孰重的问题。那么，什么是诚信？

张载说："诚善于心谓之信。"班固说："信者，诚也，专一不移也。"程颐说："诚则信矣，信则诚矣。""诚"是"信"之根，"信"是"诚"之用。

一个人品行诚实就会讲信誉，讲信誉就是诚实，信就是诚，诚就是信，二者的基本内涵都是真实无欺。在古人眼里，诚信到底有多重要？《资治通鉴》中有一段话可以看出来："夫信者，人之大宝也。国保于民，民保于信。非信无以使民，非民无以守国。是故古之王者不欺四海，霸者不欺四邻。善为国者，不欺其民；善为家者，不欺其亲。"诚信首先是个人的一种品质修为，但最终能够上升到治理国家的高度。千百年来，诚信的品质在乡贤文化中代代相传，夯实了其作为社会主义核心价值观的基础。通过对乡贤文化的研究，我们发现处处都能显示以诚信来维系人际关系的实例。

在传统的中国知识分子中，凡有所成就的，大多都出身于耕读之家。他们通过读儒家经典，修身明志，通晓事理，并影响到家乡其他人。比如，湘军中的将领，基本都是起于地方，称之为"乡贤"毫不为过。出身于湘乡农家的曾国藩就是典型例子，他带领出来一大批湘军将领，在近代中国产生了巨大的影响。曾国藩一生行事为人，都讲究一个"诚"字，他在《湘乡昭忠祠记》自豪地说："吾乡数君子所以鼓舞群伦，历九州而勘大乱，非拙且诚者之效与？"曾国藩从小就在父亲执教的家塾里读书，接受了正规的儒家伦理教育，奉理学为圭臬，以诚待人。他在募集湘军时，提出专用乡村朴实、诚笃的农夫，对那些油头滑面、不诚不信者，概不收用。湘军能在近代中国赫赫有名，与曾国藩这番用人的标准不可分离。他说："诚者，物之终始，不诚无物。"他也教育几个弟弟说：吾辈读书，最重要的就是"讲求乎诚正修齐之道"。在面对出身于城市市民家庭的李鸿章时，曾国藩告诫他说："少荃，既入我幕，我有言相告，此处所唯一诚字而已。"曾国藩处处以赤诚之心孝顺父母，友爱兄弟，熏陶后人。故而曾氏后裔，多为国家栋梁。

在几乎所有的乡贤，在制定自己本家的家训时，都将诚信视为重要美德，并要求子孙后代能够以此为行事做人的标准。直到今天，一些传统的家族仍然认为，自己的祖先之所以能够开基立业，都是因为他们身上有一种宝贵的品德：诚信。河南省邓城村叶家是邓城村的大户人家，其家族中在当地有影响力的人物，都可以视为乡贤。这个家族认为，诚实守信是叶家兴旺几百年的秘诀。相传叶氏来祖叶邵逸在明末清初移居于此的时候，在邓城集开一小茶馆维持生计。一日，一个山西客商在此歇息饮茶，将里面装有金银、账本文契的钱褡忘在茶馆。叶邵逸发现后，忙把包裹收好，以待客商来取。客商回头寻找时，叶邵逸将原物归还。客商深为叶邵逸的忠厚实诚感动。随后，客商以合伙做生意的名义，提供资金从山西运来货物交其销售，并资助其经营。由于叶氏忠厚诚信，生意做得有声有色，很快便成为当地大户。

这种类似的故事，在传统村落中几乎随处可以听到。它们大同小异，也许并不一定完全符合历史的真实，但是，它所透露出来的信息足以表明，诚信依旧被今天的村民所普遍看重，所以才一再被津津乐道。这是一种朴实的品格，极其珍贵。我们提倡这种品格，是因为它是我们的立人之本，齐家之道，交友之基，为政之法，经商之魂。

湖南城步县长安营乡南山脚下，有一个叫"岩寨"的侗族传统村落，至今保持着夜不闭户路不拾遗的古风。家家户户的门上面，都不设锁。

户主出门，门都是虚掩着。过路的客人口渴了饿了，都可以进屋喝水找吃。留不留茶水饮食钱，由客人自主。这种古老民风彰显的，是村人对人的友善和诚信。

敬业

友善和诚信主要在于对待他人，除此之外，还有一个怎么对待工作的问题。梁启超在《敬业与乐业》一文中说："凡做一件事，便忠于一件事，将全副精力集中到这事上头，一点不旁骛，便是敬。"他进而指出："'敬业乐业'四个字，是人类生活的不二法门。"对"敬业"一词，《辞海》引用朱熹的话来注解说："敬业者，专心致志以事其业也。"

对于普通人来说，努力把自己的本职工作干好，就是在积极践行社会主义核心价值观。在传统的村落中，最重要的工作包括农业和手工业。"民以食为天"，农业耕作的重要性无需强调。按照传统的观点，"士农工商"，手工艺人的地位并不高。但是，即使是在这种情况下，手工艺人对于自己的职业也仍然非常重视。一方面，这是因为他们要靠这个行业吃饭；另一方面，在漫长的职业生涯中，他们也把自己的手艺看得非常神圣。最显著的一点就是出现了行业神崇拜。

行业神的原型出现的时间都很早，大多是在某一个领域卓有成就的人物，有些则是该行业中的祖师爷。按照今天的观点来看，这些人在当地都是有极高的影响力的手艺人，推动了该行业的发展，其实也可以视为乡贤之一。此后，传承这些手艺的师傅，尽管没有摆上神坛，但他们依靠自己的能力，将手艺代代相传，对于当地的经济文化的发展，都有一定的贡献，也应该作为乡贤来看待。抛开敬神的神秘色彩来看，对于行业神的崇拜其实就是对于自己职业的崇拜。行业神只是将自己的职业人格化了。

木工行业以鲁班为神。历史上，鲁班在生产实践中得到启发，经过反复研究、试验，发明了刨子、曲尺、墨斗等工具，是木工艺人立足本职、钻研创新的典范。木匠学徒出师时，都要在师傅的指导下祭告鲁班祖师。尽管木工都需要以自己的手艺为生，但他们的最高目标在于服务社会，做一个好木匠。不仅仅是木工，其他的行业也都有类似的出师仪式。这种出师仪式，实际上是师父向已经完成学业的弟子举行的执业授权仪式。只不过是借助于神的权威和神的监督，来使弟子明白自己这一行应具有的职业道德和职业规范，并以此作为自己终身的行为约束力量。敬业乐业的工匠，往往能赢得社会的尊敬，获得好的名声，成为地方上有名望的人物，甚至是那个时代的标杆。

这些传统的手工技艺人认为，辛勤付出、遵循行规和尽职尽责，方能够得神灵的护佑。诚然，行业神崇拜的礼仪多带有功利性，但正是这种现实的需求，让一代代工匠们有了行业遵循的承袭模式，从而较完整地保存了行业的内在精神，使得每一个从业者对于自己的职业有了一种自觉的操守。

"敬业"一词的意思并没有那么复杂，其精神实质其实就是"好好做事"。"把事情做好"首先必须有"好好做事"的态度。

爱国

按传统的儒学归纳，中国传统村落可以说是"修身、齐家、治国、平天下"人文理想最具基础性和根本性的文化依托。"修身、齐家、治国、平天下"个人理想的层层递进，反映了家、宗族与国之间的同质联系。这种精神的传承，自然就离不开乡贤的努力。

乡贤有一个最突出的特点就是地域性和地方性。大多数的乡贤一辈子都在某个区域的乡村生活，对于当地的贡献功不可没。乡贤的爱国，实际上都始于爱家乡。张之洞曾引用《尚书》说："爱其土物，乃能爱其乡土，爱其本国，如此则为存心良善，方能听受祖考之训。是知必爱国、敬祖，其心乃为善；若反是，则为不善也。"清末，许多乡贤参与到地方志的编撰当中来，无一不以这种"家国同构"的观念教育乡人。《南金乡土志》详细地论述了"爱国始于爱乡，爱乡始于爱家，爱家始于爱身"这样一层逻辑关系：

"中华自立国以来，除残虐时代而外，吾先民未有不爱其国者。惟立爱自亲始。爱家必先爱身，爱国必先爱乡。眷怀桑梓，万众一心，大同之景象迄今犹可想见。所惜者，世风变迁，人不古若。今或有于乡之所可爱。与乡之所当爱，以及乡之所同爱。乡之所独爱者，习焉而不见，惜然而不知。以故瞻顾流连，保持护惜之天真，遂泯没焉而不复发露。有如华屋良田，其家非易致矣。传及昏愚之子孙，往往淡而视之而不萦心。又如祖创父守，其业至难成矣。传及昏愚之子孙，往往浪以掷之而不介意。不知爱家，何由爱乡？不知爱乡，何由爱国？是皆失于教育之故也。"

加强乡人对于本乡本土各种风土人情、文化历史、地理物产等内容的熟悉，可使乡人发自内心地热爱自己的家乡，进而达到爱国的最终目的。这一时期的几乎所有乡土类型的志书，其编撰的宗旨都在于此。贵州《安南县乡土志三编》说："国家为乡土之集体，乡土犹国家之细胞，欲引起儿童爱国心，必自乡土志始。"四川《蒲江县乡土志》说："国，积乡土而成，爱乡土即爱国之嚆矢。"河北《赞皇县乡土志》："中国维新，振兴学校。宗旨教人，爱国为要。爱国之道，始自一乡。"诸如此类，不能一一列举。这种观念不是某个地方的特例，而是遍及全国。

可以说，在中国的传统乡贤文化中，"爱国"是其最终的落脚点。敬祖先，重乡土，爱桑梓，培育乡土观念，成为族人、乡人、国人增强凝聚力的一种方式。因此，在这样一种传统文化的氛围中，走出的不仅仅是一代代、一个个的举人、秀才，更是无数的将相栋梁，他们被乡贤文化所熏陶、所滋养而成长起来，由村落之所最终走向国家之殿，并最终以其丰功伟绩而受到万世敬仰。

当代大学者季羡林先生，出生于山东省临清市康庄镇官庄村，对于康庄镇来说，季老无疑是当地最有名的乡贤。尽管他在故乡仅仅生活了短短的六年，但始终眷恋着故土。1994年，季老获得了北京大学特别贡献奖，在奖金没有领到手，数目也不知是多少的情况下，季老捐给官庄村一万元人民币，用来发展教育事业。他也利用自己的影响力，为家乡修路积极筹款。他在国内外的大城市里住了几十年，但心里割舍不下的仍是自己故乡的普通小村。爱家乡的人才会爱国家，季老以爱家乡为基础，进而对中华民族文化的研究倾注了浓浓深情。季老既没有家学渊源，也没有显赫的家族背景，从一个普通农家子弟走上了学术巅峰，与他的家国情怀不无关系。

尽管不是所有的传统村落中，都走出了类似于季老这样影响中国社会的重要人物，但是，那些村落里的普普通通的乡贤，通过自己言行的感召，同样为当地社会贡献了力量。他们默默地服务社会，造福家乡或者家人，间接也就在为国家作贡献。

新乡贤文化的重构与社会主义核心价值观的践行

随着近些年城市化进程的加快，大量农村人口涌向城市，使得村落被遗弃空置。同时，如同清末民国时期，乡村文化精英出于经济等利益的考虑纷纷走出农村，定居城市。从农村走出的大学生，也很少再返回家乡。

近些年来，一些有识之士意识到了这个问题，积极倡导乡贤文化。

《光明日报》去年推出"新乡贤·新乡村"系列报道，在全国各地发掘"新乡贤"和"乡贤文化"与新乡村建设的新闻故事、新闻人物和新鲜经验，给了我们重要启示。新乡贤的主体范围更加宽泛了，包括乡村干部、文人学者、退休官员、企业家、科技工作者、海外华人华侨等。他们视野开阔，资源广泛，对于哺育自己的家乡念念不忘。他们当年从乡村走出，经过了社会的磨砺，成为精英。如今返回故乡，或以自己毕生所集聚的能力奉献家乡建设，反哺故园。乡贤文化对于新农村建设以及社会主义核心价值观的构建，具有重要的借鉴意义。

当前新农村建设、社会主义核心价值观的发掘与实践表明，乡贤文化是可资利用的重要文化资源。当代乡贤在农村基层建设，传统村落文化的保护和传承等方面，能够发挥重要作用。因此，我们需要重建乡贤文化，在当今农村社会中呼唤新乡贤。新乡贤对于社会主义核心价值观的践行，有着重要的意义。

被称为"小草皇后"的长沙当代新乡贤梁伟，就是一个很好的例子。1999年，她辞掉在北京的高薪职位，回到家乡创业，当起了一名在田里种草的农民。创业之初，她经常自己卷起裤管下地干活。十多年来，梁伟一直有一个"添绿自然、产业报国"的梦想。2010年，梁伟根据"万企联村、共同发展"的总体战略部署，对长沙市莲花镇立马村的8000亩土地实行整村流转，发起成立农业合作社，农民不仅可以获得租金收入、工资收入，还可以获得优先股股金分红收入。不仅如此，梁伟还带领公司对贫困户家庭进行支援帮助，收购困难户家中农产品，解决残疾人员工作问题。现在，梁伟的天泉草业已经成为国内最大的无土草毯生产、屋顶绿化和生态护坡的综合行环保企业。天泉生态草业园也成了省"同心工程"重点示范项目。

梁伟不以自己的成功为终点，同时也帮助乡里其他人致富，关爱并资助困难群体，这就是"友善"；能将产业做强做大，这就是因为梁伟身上具有"真诚"的品质和"敬业"的精神，因此而促进当地的经济发展，分担国家的环境之忧并践行"添绿自然、产业报国"的创业理念，就是"爱国"。可见，在新乡贤梁伟的身上，完全体现了社会主义核心价值观在个人层面的基本规范和要求。

在城镇化的浪潮中，农村优秀人才大量向城市流动，正所谓"秀才都挤进城里"，有人不禁叩问"乡贤何在"？从现实情况看，农村优秀基层干部、道德模范、身边好人等先进典型，成长于乡土、奉献于乡里，在乡民邻里间威望高、口碑好，正日益成为"新乡贤"的主体。

"乡贤文化"从某种意义来看，就是某一个地域中的优秀文化。一方乡贤，在一方乡土中的人文道德力量不可谓不大，由一乡及一县，由一县及一省，由一省及全国，所谓聚溪成流，其影响不可忽略低估。今天我们提倡"新乡贤"文化，既是在延续传统文化中的精华部分，也是在新时代中践行社会主义核心价值观。

新乡贤文化的弘扬有很强的示范引领作用，他们的嘉言懿行能够像古代的乡贤一样垂范乡里，涵育文明乡风，并进一步让社会主义核心价值观在乡村深深扎根。

（光明网记者 蒋正翔、康慧珍整理）

茫茫天宇写忠诚

——在载人航天伟大实践中感悟核心价值观

第十九场

扫码查看视频实录

时　　间：2015年4月28日

地　　点：清华大学

嘉　　宾：景海鹏

嘉宾介绍：景海鹏，中国人民解放军航天员大队特级航天员。2008年9月25日至28日，圆满完成神舟七号任务，首次开展了我国空间出舱活动。2012年6月16日至29日，圆满完成神舟九号任务，首次完成了我国手控交会对接任务。2008年11月被党中央、国务院、中央军委授予"英雄航天员"荣誉称号。

精彩观点：

★ 在完成载人航天的任务中越飞越高，在茫茫天宇报效祖国，实现发愤图强的信仰和梦想。

★ 在太空除了能体验到身体失重下轻盈飘逸的美妙，更能体验到人的心灵不会失重，心中的价值观变得更加清晰、具体、深刻、庄严。

★ 梦在心中，路在脚下！把握好人生每一天、做好每一件事、走好每一步。从个人之梦到家庭、民族之梦，共铸中国梦。

非常高兴和大家欢聚在清华，也很荣幸参加"核心价值观百场讲坛"。社会主义核心价值观凝结着广大人民对社会主义国家、社会和个人道德修养的美好祝愿和期望。

今天我汇报的主题是"茫茫天宇写忠诚"，这里最关键、最核心的是"忠诚"二字。为祖国越飞越高，在茫茫天宇书写对祖国无限忠诚，这就是我和我的战友们报效祖国的价值所在，也是我们的梦想。

今天结合我自己的成长经历，30年的军旅生涯以及两次飞天的感受，和大家分享我所理解和坚守的价值观。

起点和基础

我的家乡是山西运城，这里也是以"忠、义、礼、智、信、勇"为文化精髓的关云长的家乡，这六个字从小便在我心里打上了烙印。

上小学时，妈妈在我的背心上绣了五只海鸥，这使我心中萌生了飞翔梦。读中学时，虽然当时生活非常辛苦，但那六年培养和磨砺了我的意志和品质，使我懂得什么是苦和甜，更加坚定了对美好生活与梦想的追求。

读高中时，空军到我所在的学校选拔飞行员，但班主任认为我身体条件不符。我不愿放弃机会，毅然选择"私自"去参加体检，竞争飞行员名额，否则我就与飞行事业失之交臂了！最终，经过政审、统考，我以优异成绩于1985年6月1日正式成为一名光荣的飞行学员。

攀登与磨砺

飞行学员不是真正的飞行员，要想实现蓝天梦，必须一步一个脚印扎实前行。

成为飞行学员后，我们在华北一个航校参加训练。当时的游泳项目实行一票否决制，如果不合格就没有机会成为飞行员。要求是50米及格，100米良好，200米优秀。直到考试前一天我都只能游30米，考试当天，当我游过25米标志线的那一刻无比清醒，我告诉自己：这是决定命运的时刻，如果掉下去，梦想就没了。结果是我超常发挥游出了200米优秀的成绩，并因此得了当兵30年的第一个嘉奖。

在飞行部队飞行10年期间，我从来没有因为自己的原因耽误过一个飞行日，即没有"翘过"一堂课，同时安全飞行1200小时，连续10年实现飞行安全。

1997年10月30日，我被通知成为中国首批预备航天员，那天正好是我儿子满月。为了庆祝这个特殊的日子，我给孩子起名叫宇飞，这寄托了我人生的梦想和追求。1998年1月5日，我正式成为中国首批预备航天员的一员。飞行员不是航天员，预备航天员也不是真正的航天员。我深知，要真正实现航天梦、飞天梦，还要面对很多挑战和考验。

第一个考验，突破极限，磨砺自我。从1998年首批航天员进入北京航天城开始训练，到2003年，我们要完成8大类、58个专业的训练，离心机训练、低压舱训练……每一次都是生命的较量。

第二个考验，永不放弃，挑战自我。2005年我入选"神舟六号"的任务梯队，虽然没有飞天，但是我没有放弃，我深知这是又一次磨砺。我不断总结自己，虚心向教员、战友学习，弥补不足，向已经有航天飞行经验的杨利伟等人请教，找我和战友之间的差距。2008年我和战友终于圆满完成"神七"飞行任务。

第三个考验，永不止步，越飞越高。在"神九"选拔现场，一位领导问我已经上过一次天为什么还要上？我回答：我是一个从农村长大的孩子，能成为一名飞行员、航天员，登上一个又一个台阶，是国家、军队培养了我，我有责任和义务回报国家；航天员是我的职业和事业，我会为此奋斗终生，和其他所有航天员一样兑现自己对祖国的誓言和承诺。

超越和升华

在太空看到地球、宇宙是什么景象？漂亮到难以用语言描述。从飞船的悬窗凝望，地球家园呈现绿的森林、棕黄的土地、缎带般的江河，美不胜收，这就是我们美丽的家园。经常有人问我在天上什么感觉，其实在太空除了能体验到身体失重下轻盈飘逸的美妙，更能体验到人的心灵不会失重，心中的价值观变得更加清晰、具体、深刻、庄严，浩瀚的宇宙中，会感觉到个人的渺小，也更真切地体会到生命可贵，感受到家园的可爱，更感受到祖国的伟大！

当然，在天上体验到的并不全是美妙的东西，除了展现给大家的那种飘来飘去的潇洒，我们在天上也会遇到意想不到的困难。比如太空飞行前三天的失重环境，人体会出现太空运动病，十分难受。在"神七"飞行期间，我们还曾遇到过两个小小的"意外"，当时就是靠着"无论如何，决不能让全国人民失望"的念头排除了障碍。

2008年"感动中国"颁奖晚会上，主持人敬一丹问我们，"当时你们有没有想到回不来？"我接过话筒开玩笑道："回不来是指像彗星一样绕地球转吗？"当时全场哈哈大笑，笑声没有停住之前，我又补充道："即使我们回不来，也一定要让五星红旗在太空高高飘扬！"

支撑与后盾

价值从来都是和感情联系在一起。我相信谁都离不开社会、家庭、亲人、朋友们的鼓励和支持。我是一名军人，对"战友"二字有着特殊的理解：战时生死与共，平时亲密无间。两次16天、370小时、246圈的飞行中，我们无时无刻不感受到集体力量，感受到全体战友给我们提供技术和全方位的支持，为我们加油鼓劲，为我们保驾护航。

刚才提到战友情，让我想到亲情。我是一个不称职的父亲，从孩子上幼儿园到现在，我没有参加过一次家长会。在"神七"上时，有一天我和儿子通话。小家伙问我："爸爸，你还记得我生日吗？"我说记得，但其实当时底气特别不足。我说："等和两位叔叔安全返回之后一定给你过生日，爸爸提前在太空祝你生日快乐！"那天虽然没能给他过生日，但我坚信，我在天上给孩子的祝福一定是送给他最好的礼物！

从1998年到2008年的10年时间，我没能陪父母过一个春节。所以，我也是一个不称职的儿子。2012年"神九"返回地面，在航天大队，我老远看到迎接我们凯旋的队伍，其中有领导、战友、专家。在与众人敬礼、握手、拥抱时，突然在人群中我摸到一双干涩的大手，一抬头，是老父亲，余光看到老妈妈就在后面。老人家弯腰驼背，头发花白，那一刻相顾无言，我紧紧地和父母抱在一起。我在心里说：爸爸妈妈，儿子当兵几十年虽然没有尽到孝心，但是今天完成了国家交给的重要任务，这是对二老的最大孝心！

体会和思考

作为一名农家子弟一步一步走到今天，从青年学生成为飞行员、航天员，实现了一个又一个梦想，我非常知足。人是知足以后，才会知道感谢、懂得感恩，并努力回报。

2008年底和2013年年初，在两次"影响世界华人盛典"颁奖晚会上，同一家媒体提问，"你飞天以后有没有变化？如果有变化，最大的变化是什么？"我当时这么说的：十年的磨砺，三次出征、两次考验，我变得更加成熟，更加自信，心态更加平和，更加阳光，更加懂得感恩。但不管我飞得再高，飞得再远，我都时刻提醒自己，永远不能忘记国家和部队的培养，永远不要忘记父母的养育之恩，永远不能忘记所有航天人的托举，永远不能忘记全国人民的大力支持！

　　同学们、战友们，我们都肩负着报效国家、创新发展的神圣使命，你们内心一定涌动着各种各样的梦想，也一定有自己的价值追求，相信在不远的将来，一定能够成功开创属于你们自己的一片天地，实现人生的价值。梦在心中，路在脚下！希望大家把握好人生每一天、做好每一件事、走好每一步。从个人之梦到家庭、民族之梦，共铸中国梦。

（光明网记者　康慧珍整理）

中国传统文化的基本精神与现代传承

扫码查看视频实录

时　　间：2015年5月5日

地　　点：四川泸州

嘉　　宾：韩星

嘉宾介绍：韩星，中国人民大学国学院教授，博士生导师。国际儒联理事及教育传播普及委员会副主任、中华孔子学会理事、孔子文化全球传播委员会专家顾问团成员、中国社会科学院儒教研究中心学术委员。

精彩观点：

★ 以人为本的发展观是对以物为本的传统发展观的否定，具有鲜明的现实针对性。

★ "国学热"绝不是要回到过去，是通过国学与传统文化，传承中国文化的基本精神，并使之在现代焕发出新的风采。

★ 文化精神是相对于文化的具体形态和表现而言的，二者的关系犹如树干和枝叶的关系。文化的基本精神，就是所有文化现象中最精致的内在动力和思想基础。

中国文化基本精神的内涵

何谓精神？万事万物所显示出来的独特的具有灵性的状态，就是古人所谓的"精神"。现在一般意义上人的精神就是指人的信仰、理想、信念、伦理、道德、追求、憧憬等。毛泽东曾经说过："人总是要有点精神的。"不然，人就不能称其为人。

文化精神是相对于文化的具体形态和表现而言的，二者的关系犹如树干和枝叶的关系。文化的基本精神，就是所有文化现象中最精致的内在动力和思想基础。所谓文化精神，从实质上说也是指民族文化占核心地位的基本思想观念，它是指导和推动民族文化不断发展的基本动力。

如果从理论思维的高度审视，就如国学泰斗张岱年先生所述："中国传统文化的基本精神，也就是中华民族的民族精神。"中华民族精神，广义来讲，就是指导中华民族延续发展、不断前进的精粹思想，是中国民族文化的主导思想。就其实质而言，它是一种伟大的卓越精神；就其表现形式而言，它是民族文化的优秀传统。

中国文化基本精神的内容

在前人的基础上，我有一些新的提法，主要概括为以下五点：

以人为本的主体精神。中国传统文化的"以人为本"落实在政治上是"以民为本"，即民本思想。中国历史上民本思想源远流长，从春秋战国时期一直到封建社会末期的进步思想家、政治家，几乎都主张和宣传"民本"思想，从而使之成为中华文化中影响最广、延续最久的一种哲学和政治思想。

十八大报告指出，"坚持以人为本、执政为民，始终保持党同人民群众的血肉联系。"同时强调，"以人为本、执政为民是检验党一切执政活动的最高标准。"这是首次把"保持党同人民群众的血肉关系"作为全面提高党建科学化水平的八大任务之一，并把"以人为本、执政为民是检验党一切执政活动的最高标准"及"完善党员干部直接联系群众制度"首次写入党代会报告。

仁者爱人的人道精神。儒家思想的核心观念之一是"仁者爱人"，即仁爱思想。

2014年2月24日，习近平总书记在中共中央政治局第十三次集体学习时的讲话中提出，要深入挖掘和阐发中华优秀传统文化中一些观念的时代价值，其中第一个就是"讲仁爱"。中华民族这种道德传统和深厚博大的"仁爱"正是今天互帮互助、助人为乐和为维护社会利益、人民利益而不惜牺牲自己利益的精神源泉。

我们现在怎样传承仁爱思想呢？按照仁爱思想践行的次第，第一是我们如何具备仁爱之心，第二是自爱，第三是爱亲人，第四是"泛爱众"，第五即仁者与天地万物为一体。

刚柔相济的坚忍精神。刚柔相济是中国人人生态度的理论概括和价值提炼，中华民族精神中最具有积极意义的内容。孔子创立儒家重"刚"，但也不失"柔"。孔子首先强调的是"刚"的品德，而道家是讲"柔"的，但是道家的柔是"以柔为刚"，道家也是讲"退"的，"以退为进"，是讲"无为"的，"无为而无不为"。中国文化是强调"儒道互补"的，即阳刚必须与阴柔适当配合。

此外，刚柔相济还渗透在中国文化的其他方面，化为施政手段、兵家谋略、对敌策略、做人风格等等。

贵和尚中的中和精神。"和"是中国古代哲学的一个重要范畴，在中国文化的发展过程中起着独特的作用，它不仅是一种思想观念，而且也是中华民族的基本精神。

"中和"思想的传承特别重要。儒家传统是以夷制夷，德化怀柔，多采取羁縻政策。从儒家传统来看，王道本身就是道德与权力的结合。外交方面如果进退失据，刚柔不济，也许更合适的策略是王霸并用，德力兼行。当然，前提是王道为主，霸道为辅，王道为体，霸道为用。

和而不同的包容精神。从历史上看，中国文化能够以"和而不同"的理念走和平共处，共同发展之路，对世界文明的多元发展颇有贡献。

中国文化不同于世界其他民族文化，其最突出特征是在"和而不同"的精神指导下，对外来文化的吸收与融合。

长期以来，经过不同民族的迁徙与发展，中国形成了今天以汉族为主体的统一的多民族的大家庭。这种极强的民族融合力、凝聚力、向心力得益于中华民族对"和而不同"观念的把握与运用，是"和而不同"精神的典型体现。中国传统文化中"和而不同"的思想，在促进当今世界各民族和平相处、共同发展方面无疑具有重要的意义。

怎样传承中国文化基本精神

"国学热""传统文化热"绝不是要回到过去，最关键的是通过国学与传统文化，传承中国文化的基本精神，并使之在现代焕发出新的风采，创造出适应时代的文化形态，并应用到我们社会生活的方方面面。

中国文化的基本精神是在长期的历史发展过程中逐渐形成的，它是中华民族几千年来赖以生存发展的精神支柱。今天，在中华民族走向伟大复兴的历史时期，我们应弘扬其优秀成分，剔除其糟粕内容，并在新时代的伟大实践中不断传承创新，用当代中国人的心胸、智慧、胆识不断激活这些精神，树立和强化国民的民族自尊心和自信心，形成认同中国文化的时代意识和振兴中华文明的使命意识，为中国梦的实现提供精神动力，为中华民族的伟大复兴提供精神支持。

（光明网记者　陈城、王营整理）

后记

党的十八大以来,光明日报立足自身的定位和特色,把社会主义核心价值观宣传报道作为核心任务,放在核心位置,作为报纸的基调和底色,突出文化特色,突出文化内涵,发掘典型,讲好故事,阐释理论,评析热点,使核心价值观宣传报道取得了新的令人瞩目的成绩。

编辑《核心价值观的故事》丛书的目的就是要对这些成绩作一番系统的梳理和展现,为践行和弘扬社会主义核心价值观提供借鉴和启示。首批编辑出版的有《家风家教的故事》《校训的故事》《新乡贤的故事》《地名的故事》《核心价值观百场讲坛(第1辑)》,将要编辑出版的有《座右铭的故事》《品牌的故事》《新邻里的故事》《劳模家书的故事》《宿舍文明的故事》等。丛书的主要内容来自报纸的报道和文章,但并非简单的照搬,而是经过精心的编辑和加工。

在"治国理政新实践"重大主题宣传报道中,光明日报组织优秀记者采写了《为国家立心为民族铸魂——十八大以来党中央推进和深化社会主义核心价值观建设纪实》,对三年来以习近平同志为总书记的党中央培育和弘扬社会主义核心价值观的新理念、新思想、新战略、新实践进行了全景式报道和深入深刻的评析,现作为特稿,收入书中。

值此丛书出版之际,首先要特别感谢的是长期以来亲切关怀、精心指导、充分肯定光明日报核心价值观宣传报道的中央领导、中宣部和中央文明办等部门的领导。他们的关心和厚爱,是光明日报进一步推进和深化核心价值观宣传报道的不竭动力。

要特别感谢的是一直以来高度重视、亲自部署、大力推进核心价值观宣传以及丛书所收录各系列报道的光明日报总编辑何东平和光明日报编委会其他各位领导。何东平和光明日报副总编辑陆先高十分关心和支持丛书的编辑出版。何东平为丛书撰写的长篇序言，阐明了光明日报"把核心价值观宣传放在核心位置"的办报理念，总结了光明日报核心价值观宣传报道的经验，思考了创新核心价值观宣传的思路，对阅读这一丛书提供了有益的帮助。陆先高主持召开丛书编辑工作会议，为丛书的出版奠定了基础，指明了方向。

需要感谢的还有参与和支持丛书所收录各系列报道采写、文章撰写、稿件编发及相关工作的光明日报社办公室、总编室、评论部、科技部、教育部、文艺部、理论部、国内政治部、经济部、国际部、摄影美术部、记者部、新闻研究部、军事部、光明网等相关部门和国内外相关记者站的记者、编辑、工作人员以及社外各位领导、专家和作者。

光明日报新闻报道策划部相关编辑倾心尽力负责丛书所收录各系列报道的策划、组织和协调、落实，积极筹划和投入丛书的编辑和出版，他们付出了很多心血和辛劳，在此深致谢意。

光明日报出版社社长潘剑凯、常务副总编辑高迟对丛书出版给予热情关心和支持，责任编辑谢香、李倩为丛书的编辑出版表现出足够的耐心和细心，也一并表示感谢！

由于丛书编辑时间仓促，或存有错误，敬请各位读者批评指正。

图书在版编目（CIP）数据

核心价值观百场讲坛．第1辑／杨谷主编．－－北京：光明日报出版社，2016.4（2020.4重印）

（核心价值观的故事丛书）

ISBN 978-7-5112-9849-2

Ⅰ．①核… Ⅱ．①杨… Ⅲ．①社会主义建设－价值论－中国－通俗读物 Ⅳ．①D616-49

中国版本图书馆CIP数据核字(2015)第310470号

核心价值观百场讲坛．第1辑

HEXIN JIAZHIGUAN BAICHANG JIANGTAN DI 1 JI

主　　编：杨　谷	
责任编辑：谢　香　李　倩	责任校对：傅泉泽
封面设计：杨　震	责任印制：曹　诤

出版发行：光明日报出版社　江西高校出版社

地　　址：北京市西城区永安路106号，100050

电　　话：010-67078248（咨询），010-63131930（邮购）

传　　真：010-67078227，67078255

网　　址：http://book.gmw.cn

E-mail：renqing339@126.com

法律顾问：北京德恒律师事务所龚柳方律师

印　　刷：三河市华晨印务有限公司

装　　订：三河市华晨印务有限公司

本书如有破损、缺页、装订错误，请与本社联系调换

开　　本：165mm×230mm	
字　　数：119千字	印　张：12
版　　次：2016年4月第1版	印　次：2020年4月第4次印刷
书　　号：ISBN 978-7-5112-9849-2	
定　　价：36.00元	

版权所有　翻印必究